高等学校交通运输类实践系列教材

交通运输实验实训指导书

主　编　吕燕梅　罗江莲　彭　元

副主编　赵海霞　邬瑶函　林　鑫

参　编　陈泓旭　邓　鑫　郑鳗芝

　　　　李　健　王苏林　王玉珠

西安电子科技大学出版社

内容简介

本书为交通运输类专业（如交通运输专业、城市轨道交通运营管理专业、铁道运营管理专业等）的实验实训指导书。全书共分为五章，包含铁路运输基础实验实训、城市轨道交通基础实验实训、道路交通基础实验实训、设计类实训和综合类实训。

本书涵盖了铁路、城市轨道交通、道路交通等方面的实验实训，可供应用型高校交通运输专业及相关专业的学生学习和参考，也可作为交通运输类职业院校的实训教材。

图书在版编目 (CIP) 数据

交通运输实验实训指导书/ 吕燕梅，罗江莲，彭元主编 . — 西安：西安电子科技大学出版社，2022.8

ISBN 978–7–5606–6489–7

Ⅰ . ①交…　Ⅱ . ①吕…　②罗…　③彭…　Ⅲ . ①交通运输—实验—高等学校—教学参考资料　Ⅳ . ① U-33

中国版本图书馆 CIP 数据核字 (2022) 第 098405 号

策　　划　刘玉芳　刘统军
责任编辑　刘玉芳
出版发行　西安电子科技大学出版社 (西安市太白南路 2 号)
电　　话　(029)88202421　88201467　　　邮　　编　710071
网　　址　www.xduph.com　　　　　　电子邮箱　xdupfxb001@163.com
经　　销　新华书店
印刷单位　陕西博文印务有限责任公司
版　　次　2022 年 8 月第 1 版　2022 年 8 月第 1 次印刷
开　　本　787 毫米 ×1092 毫米　1/16　印张 8
字　　数　152 千字
印　　数　1 ～ 3000 册
定　　价　25.00 元

ISBN 978–7–5606–6489–7 / U

XDUP 6791001–1

***** 如有印装问题可调换 *****

交通是兴国之要、强国之基。21世纪是交通运输高速化和智能化的时代。我国交通运输业的发展围绕高速、智能、环保等要求，全力发展与调整交通和智能运输系统，旨在建立一个可持续发展的、以高速化和智能化为目标的新型综合交通运输体系。2019年9月19日，中共中央、国务院印发《交通强国建设纲要》，明确从2021年到21世纪中叶，我国将分两个阶段推进交通强国建设，到2035年，基本建成交通强国，形成三张交通网、两个交通圈。这标志着交通强国建设迈上新征程。我们要深刻认识加快建设交通强国的重要意义，进一步增强责任感、紧迫感。

交通运输专业、城市轨道交通运营管理专业和铁道运营管理专业等交通运输类专业在转型发展的大背景下，以培养"应用型人才"为目标，从实处着手，高度重视实验实训环节，在人才培养中科学定位，重视理论和实践的联系，从岗位能力分析入手，通过构建层次化的教学实践体系，培养能够承担交通运输运营管理各岗位工作的技术应用型专门人才。

本书为交通运输类专业（如交通运输专业、城市轨道交通运营管理专业、铁道运营管理专业等）的实验实训指导书。全书共分为五章：第一章是铁路运输基础实验实训，旨在加强对铁路运输基础设施设备的认知和操作；第二章是城市轨道交通基础实验实训，旨在加强对城市轨道交通车站基础设施设备的认知和操作；

第三章是道路交通基础实验实训，旨在加强对道路交通基础知识的掌握；第四章是设计类实训；第五章是综合类实训。

吕燕梅、罗江莲、彭元担任本书主编，赵海霞、邬瑶函、林鑫担任副主编，陈泓旭、邓鑫、郑鳗芝、李健、王苏林、王玉珠参与编写。

各章内容分工如下：吕燕梅、罗江莲、彭元完成第一章的编写；邬瑶函、林鑫完成第二章的编写；赵海霞、王玉珠完成第三章的编写；彭元、陈泓旭、邓鑫、郑鳗芝完成第四章的编写；邬瑶函、林鑫、李健、王苏林完成第五章的编写；何富贵负责各章文字和图片的校对工作。

由于编者较多且分工较细，本书在编写上具有一定的局限性，书中难免有欠妥之处，敬请广大读者批评指正。

编　者

2022 年 3 月

目　　录

第一章　铁路运输基础实验实训

■ 1.1　铁路信号机设置及显示

铁路信号机是用特定物体(包括信号灯、仪表、音响设备)的颜色、形状、位置和声音等向铁路司机传达前方路况、机车车辆运行条件、行车设备状态以及行车命令等信息的装置或设备。随着铁路运输的发展，特别是行车速度的提高，要求铁路信号便于瞭望并能提供更丰富的信息。对于普速铁路，信号机按用途可分为进站信号机、出站信号机、进路信号机、调车信号机、通过信号机、接近信号机、遮断信号机、预告信号机、驼峰信号机、驼峰辅助信号机、复示信号机等。本节对常见信号机的设置进行绘图实训。

1.1.1　实验实训目的

通过本次实训，了解铁路信号机的种类，熟悉铁路信号机的设置原则，掌握铁路车站信号机的图形表示，掌握铁路车站信号机的命名。

1.1.2　实验实训任务

参照信号常用图形符号绘制两站一区间，区间制式为双线四显示自动闭塞，要求在图形上体现进站信号机的设置原则、出站信号机的设置原则、区间通过信号机的设置原则以及各类信号机定位下的灯光配列(以区间四显示自动闭塞为例)。

1.1.3　实验实训内容

1. 设置

1) 进站信号机

进站信号机的作用是防护车站，指示进站列车的运行条件，保证接车进路的正确和安全可靠，完成有关的联锁任务。凡车站的列车入口处都必须装设进站信号机。进站信号机应尽量避免装设在启动困难的上坡道上。进站信号机的具体位置设在距列车进站时遇到的第一个对向道岔尖轨尖端(顺向为警冲标)不小于 50 m 的地方，如图 1.1.1 所示。

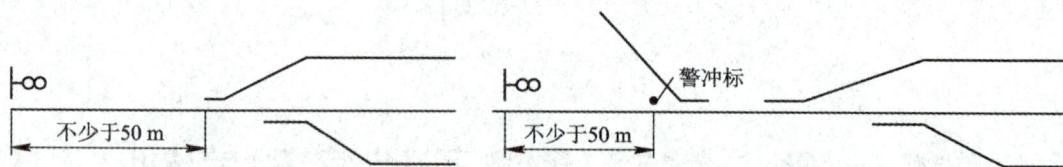

图 1.1.1 进站信号机图

2) 出站信号机

出站信号机用来防护区间列车的安全，指示列车能否由车站进入区间。车站的正线和到发线上，应装设出站信号机。出站信号机的具体位置应设在车站的正线和到发线上警冲标内方（对向道岔为尖轨尖端外方）的适当地点，如图 1.1.2 所示。

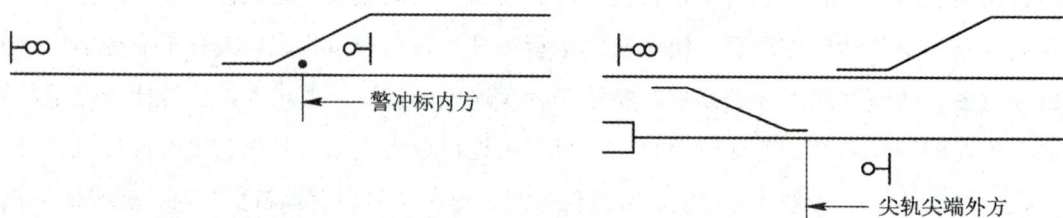

图 1.1.2 出站信号机图

3) 区间通过信号机

区间通过信号机装设在自动闭塞区段的每个闭塞分区的分界点或非自动闭塞区段的所间区间的分界处，用于防护区间闭塞分区。区间通过信号机一般采用三显示机构。

2. 信号机的显示含义

根据中国铁路总公司《铁路技术管理规程（普速铁路部分）》，这里节选部分信号机（四显示）显示的含义。

1) 进站信号机（四显示自动闭塞区段）

(1) 一个绿色灯光：准许列车按规定速度经道岔直向位置进入或通过车站，表示运行前方至少有三个闭塞分区空闲。

(2) 一个绿色灯光和一个黄色灯光：准许列车按规定速度经道岔直向位置进入站内，表示次一架信号机经道岔直向位置开放一个黄灯。

(3) 一个黄色灯光：准许列车按限速要求经道岔直向位置进入站内正线准备停车。

(4) 一个黄色闪光和一个黄色灯光：准许列车经 18 号及以上道岔侧向位置，进入站内越过次一架已经开放的信号机且该信号机防护的进路经道岔直向位置或 18 号及以上道岔侧向位置。

(5) 两个黄色灯光：准许列车按限速要求越过该信号机，经道岔侧向位置 (但不满足上述 (4) 的条件) 进入站内准备停车。

(6) 一个红色灯光：不准列车越过该信号机。

2) 出站信号机 (四显示自动闭塞区段)

(1) 一个绿色灯光：准许列车由车站出发，表示运行前方至少有三个闭塞分区空闲。

(2) 一个绿色灯光和一个黄色灯光：准许列车由车站出发，表示运行前方有两个闭塞分区空闲。

(3) 一个黄色灯光：准许列车由车站出发，表示运行前方有一个闭塞分区空闲。

(4) 两个绿色灯光：准许列车由车站出发，开往半自动闭塞或自动站间闭塞区间。

(5) 一个红色灯光：不准列车越过该信号机。

(6) 一个月白色灯光：在兼作调车信号机时，准许越过该信号机调车。

3) 区间通过信号机 (四显示自动闭塞区段)

(1) 一个绿色灯光：准许列车按规定速度运行，表示运行前方至少有三个闭塞分区空闲。

(2) 一个绿色灯光和一个黄色灯光：准许列车按规定速度运行，要求注意准备减速，表示运行前方有两个闭塞分区空闲。

(3) 一个黄色灯光：要求列车减速运行，按规定限速要求越过该信号机，表示运行前方有一个闭塞分区空闲。

(4) 一个红色灯光：列车应在该信号机前停车。

1.1.4　实验实训成果

学生按要求提交实训报告一份 (含图纸)。

1.2　铁路车站轨道区段划分及命名

轨道电路是以列车运行线路的两根钢轨作为导体，两端加以绝缘，并接上送电和受电设备构成的电路。轨道电路用于监督线路的占用状态，为开放信号、建立进路提供依据，也可以传输行车信息，实现对追踪列车的控制。

1.2.1　实验实训目的

通过本次实训，了解轨道电路在行车中的重要地位，熟悉铁路车站轨道电路原理，掌握铁路车站轨道区段划分原则，掌握铁路车站轨道区段命名规则。

1.2.2　实验实训任务

(1) 绘制标准教学车站信号平面布置图。

(2) 划分轨道区段。

(3) 命名轨道区段。

1.2.3　实验实训内容

轨道电路的组成有钢轨、绝缘节、轨端接续线、送电端、受电端（轨道继电器）等，如图 1.2.1 所示。轨道电路主要用于区间和车站。区间的轨道电路通常是与自动闭塞制式相一致的轨道电路。按照自动闭塞通过信号机分区，每个闭塞分区有各自的轨道电路。站内轨道电路的应用更为广泛，如在电气集中联锁系统、驼峰调车场、城市轨道交通停车场均设有轨道电路。

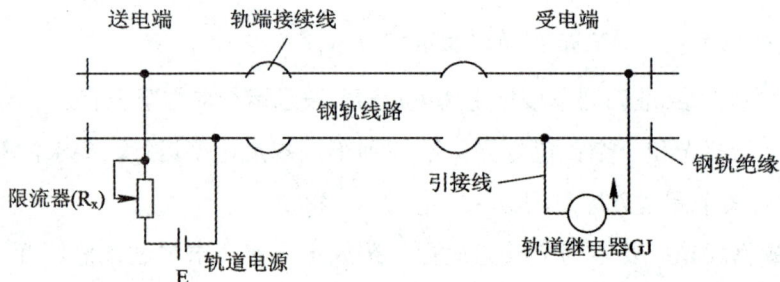

图 1.2.1　轨道电路图

1. 轨道电路区段的划分原则

铁路车站站内轨道电路区段的划分原则有以下几点：

(1) 信号机的内外方应划分为不同的区段。

(2) 凡是能平行运行的进路，应用钢轨绝缘将它们隔开，形成不同的轨道电路区段。

(3) 在一个轨道电路区段内，单动道岔最多不超过 3 组，复式交分道岔不得超过 2 组。如果道岔组数过多，轨道电路的分支漏阻影响大，会使轨道电路难以调整。

(4) 有时为了提高咽喉使用效率，把轨道电路区段适当画短，使道岔能及时解锁，立即排列其他进路。但在列车提速以后，为了保证机车信号的连续显示，通常不希望轨道电路区段过短。

2. 轨道电路区段的命名

铁路车站站内轨道电路区段的命名原则有以下几点：

(1) 对于股道，以股道号命名，如 Ⅰ G 等；正线股道用罗马字表示，如 Ⅰ G、Ⅱ G；其他股道依次为 3G、4G 等。

(2) 进站内方，根据所衔接的股道编号加 A 或 B，如 Ⅰ AG（下行咽喉）、Ⅱ BG（上行咽喉）。

(3) 差置调车信号机之间，以两端相邻的道岔编号写成分数形式来表示，如 1/19WG。

(4) 道岔区段只包含一组道岔的，用其所包含的道岔编号来命名，如 9DG、11DG、12DG、10DG 等。

(5) 如果道岔区段包含两组道岔，则用两组道岔编号连起来命名，如 1-7DG、3-5DG、4-6DG、2-8DG 等。

(6) 若道岔区段包含三组道岔，则以两端的道岔编号连起来命名。

1.2.4 实验实训成果

学生按要求提交实训报告一份（含图纸）。

1.3 ZD6 型转辙机结构认知

道岔的转换和锁闭是关系行车安全的关键操作。道岔的操纵分为手动和电动两种方式。手动操作是作业人员通过道岔握柄在现场直接操纵道岔的转换和锁闭。电动操作是由各类动力转辙机转换和锁闭道岔。转辙机是重要的信号基础设备，它对于保证行车安全、提高运输效率、降低行车人员的劳动强度起着非常重要的作用。

1.3.1 实验实训目的

通过本次实训，了解转辙机的分类，熟悉转辙机的动作原理，掌握 ZD6 型电动转辙机的结构及其各部分的功能。

1.3.2 实验实训任务

本次实训需依托实验室虚拟拆装实训软件进行虚拟拆装，在虚拟拆装过程中，巩固转辙机的结构组成及其相应功能。

若无虚拟拆装实训软件，则可采取图片案例分析的形式开展实验实训，旨在了解 ZD6 型电动转辙机各部件的位置及功能。

1.3.3 实验实训内容

ZD6 型电动转辙机的主要部件有：

1. 电动机

在电动机接线端子上加入额定电压后，电机线圈内有电流流过，从而产生转动。电动机的额定电压为 160 V，额定电流为 2 A，要求具有足够的功率，以获得必要的转矩和转速。电动机要有较大的起动转矩，以克服尖轨与滑床板之间的静摩擦。

2. 减速器

减速器用于把电动机的高转速降低，以提高转矩，便于转换道岔。

3. 主轴

主轴由输出轴通过起动片带动旋转，主轴上安装有锁闭齿轮。主轴带动锁闭齿轮，通过与齿条块配合完成转换和锁闭道岔。

4. 转换锁闭装置

转换锁闭装置主要由锁闭齿轮和齿条块等组成，其作用是将旋转运动改变为直线运动并实现内部锁闭。

当道岔转换时，首先是电动机开始转动，带动减速器输入、输出轴转动，并通过起动片带动主轴及锁闭齿轮转动，锁闭齿轮拨动齿条块带动动作杆动作。当转换完毕后，锁闭齿轮的圆弧面正好与齿条块的削尖齿弧面重合。当齿条块受到水平移动的作用力时，这个力只能沿着锁闭圆弧的半径方向传给锁闭齿轮，所以锁闭齿轮不可能转动，齿条块也不能移动，被固定在齿条块里的动作杆也不能移动，实现了道岔的内部锁闭。

5. 自动开闭器

自动开闭器在转辙机内随机件动作，能自动完成开关作用，并随着道岔的转换，正确地接通与断开电动机电路及表示电路。自动开闭器由动接点(2排)、静接点(4排)、速动爪、检查柱组成，用来表示道岔尖轨所在的位置。其作用是及时、正确反映道岔尖轨的位置，并完成控制电动机和挤岔表示的功能。完成解锁时断开原表示电路，接通准备反转动作电路；锁闭时断开电动机动作电路，接通表示电路。

6. 挤岔装置

挤岔装置包括动作杆与齿条块之间的挤切装置、自动开闭器中的检查柱斜面、表示杆检查块缺口斜面、移位接触器。当挤岔表示杆被推或拉时，检查柱将被顶起，使自动开闭器中的一排动接点断开，从而切断表示电路。

7. 表示杆

表示杆随道岔的转换而动作，通过调整缺口使得道岔到达定位或反位。尖轨与基本轨密贴并锁闭良好时，表示杆上的缺口正好运行至自动开闭器检查柱的下方，使检查柱落入其缺口内，从而带动接点转换，接通道岔表示电路。

1.3.4　实验实训成果

学生按要求提交一份实训报告及虚拟拆装成果截图。若无虚拟拆装实训软件，则通过图片进行认知实训后，回答实训报告中关于该设备的问题。

1.4 AX系列安全型继电器结构认知

AX系列安全型继电器是直流24 V系列的重弹力式直流电磁继电器,其典型结构为无极继电器,其他各型号都是由其派生而成的。

1.4.1 实验实训目的

通过本次实训,学生可巩固对继电器部分理论的理解,通过观察继电器实物,结合继电器电路分析继电器的应用,充分掌握该部分知识在铁路信号中的应用。

1.4.2 实验实训任务

(1) 观察继电器的实物结构。

(2) 巩固继电器各部件的作用。

(3) 掌握继电器的图形符号。

(4) 进行原理电路分析。

1.4.3 实验实训内容

1. 安全型继电器的特点

安全型继电器的特点是前接点代表危险侧信息,后接点代表安全侧信息。它的故障-安全原则是:发生安全侧故障的可能性远远大于发生危险侧故障的可能性。处于禁止运行状态的故障有利于行车的安全,称为安全侧故障;处于允许运行状态的故障可能危及行车安全,称为危险侧故障。安全型继电器的作用就是在有故障的情况下使前接点闭合的概率远远小于后接点闭合的概率。

2. 安全型继电器的种类

安全型继电器的种类有无极继电器、无极加强接点继电器、无极缓放继电器、无极加强接点缓放继电器、整流式继电器、有极继电器、有极加强继电器、偏极继电器、单闭磁继电器等。

1) 无极继电器

无极继电器由电磁系统(线圈、铁芯、轭铁、衔铁)和接点系统(拉杆、动静接点组)组成。它的动作原理是电→磁→力→动作拉杆,当$F_{吸引力} > F_{重力}$时为吸起状态,当$F_{吸引力} < F_{重力}$时为落下状态。

2) 无极加强接点继电器

无极加强接点继电器是为通断功率较大的信号电路而设计的，它的普通接点与无极继电器的接点相同，加强接点组由加强动接点单元和带磁吹弧器的加强接点单元组成，为防止接点组间的飞弧短路，在两组加强接点间安装了既耐高温又具有良好绝缘性能的云母隔弧片。隔弧片铆在拉杆上是为了保证加强接点的安装空间，增加空白单元。

3) 有极继电器

有极继电器具有定位和反位两种稳定状态。与无极继电器不同的是，有极继电器中刃形的长条形永久磁钢代替了部分轭铁。由于有永久磁钢，因此磁路系统中有两条固定磁路，用于保持断电后继电器的状态。当通入电源后，固定磁路在 δ_1、δ_2 处与电磁路之间进行比较，使衔铁发生相应运动，以改变其状态。

4) 偏极继电器

偏极继电器用于鉴别电流的极性，在方形极靴前装有人形永久磁钢。只有线圈中的电源极性为 1+、4− 时，继电器才励磁。

3. 安全型继电器的接点

继电器的接点是继电器的执行机构，通过接点来反映继电器的状态，进行电路的控制。安全型继电器对于继电器接点，从接点材料到接点结构，从接点组数到接点容量都有较高的要求。对频繁通断大电流的接点，还必须采取灭火花措施。具体要求如下：

(1) 接点系统：接点闭合时，接触可靠，接触电阻小而且稳定；接点断开时，要可靠分开，接点间电阻为无穷大，即有一定的间隙；接点闭合和断开过程中没有颤动；不发生熔接；耐各种腐蚀；导热率和导电率要高；使用寿命长。

(2) 接点参数类型：接点压力、接点齐度、接点间隙、接点滑程。

(3) 接点容量：即继电器接点所允许通过的最大电流，不同继电器的接点容量不同。

(4) 接点材料：一般继电器要求接点材料的电阻系数小，抗压强度低，而且要选用不易氧化或其氧化物电阻率小的材料。

(5) 接点的接触形式：分为点接触、面接触、线接触三种。例如，JWXC 型无极继电器的接点采用点接触方式，JYJXC-135/220 型加强接点有极继电器的接点采用面接触方式。

4. 继电器的表述

继电器是根据主要用途和功能命名的，如按钮继电器为 AJ、信号继电器为 XJ 等。当同一功能和作用的继电器不止一个时，名称必须加以区别，如 XLAJ、SLAJ 等。

(1) 继电器的定位状态必须和设备的定位状态一致。例如，信号机以关闭为定位状态，道岔以开通定位为定位状态，轨道电路以空闲为定位状态。

(2) 继电器的落下状态必须与设备的安全侧相一致，满足故障－安全原则。例如，信号继电器落下表示信号机关闭，轨道继电器落下表示轨道电路被占用。在电路中，凡是以吸起为定位状态的继电器，其接点和线圈均以"↑"符号表示；凡是以落下为定位状态的继电器，其接点和线圈以"↓"表示。

(3) 继电器的符号中，对于线圈，必须注明其定位状态箭头和线圈端子号，对于接点，只需标出其接点组号，而不必详细标明动、前、后接点号，但必须标出箭头方向。

1.4.4　实验实训成果

学生按要求提交实验实训报告一份。

1.5　车站计算机联锁软件操作

为了保证行车安全，车站内信号、道岔、轨道电路等基本信号设备必须遵循一定的条件，按照一定的程序来严格执行，我们称这些条件和程序为联锁。车站联锁系统的主要功能是实现对车站内信号机、道岔、轨道电路等基本信号设备进行实时控制，以保证车站内的行车安全。

1.5.1　实验实训目的

本次实验实训以计算机联锁模拟软件为基础，要求学生掌握计算机联锁的概念，掌握计算机联锁软件的常见操作，学会正常情况下和非正常情况下的进路办理和取消。

1.5.2　实验实训任务

(1) 列车基本进路的办理。

(2) 列车通过进路的办理。

(3) 基本调车进路的办理。

(4) 长调车进路的办理。

(5) 取消进路。

(6) 人工延时解锁进路。

1.5.3　实验实训内容

信号平面布置图是联锁的图表之一，如图 1.5.1 所示。

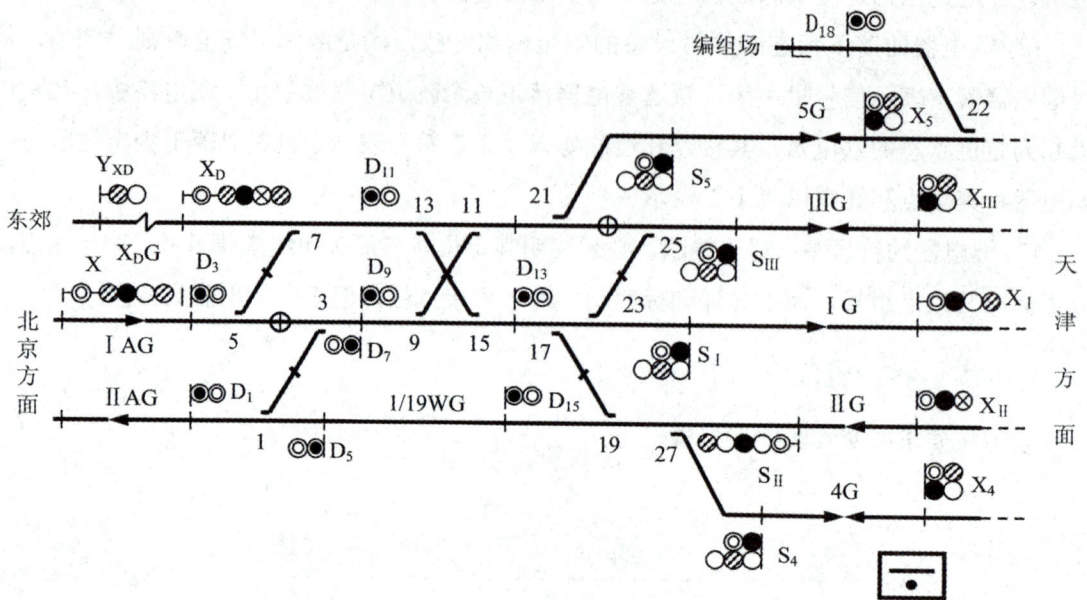

图 1.5.1 车站信号平面布置图

1. 列车基本进路的办理

列车基本进路的办理是：首先点击进路始端按钮，再点击终端按钮。对于变更进路，则首先点击始端按钮，再点击变更按钮，最后点击终端按钮。

例如，办理从下行进站信号机 X 至 I G 的进路操作时，以下行进站信号机 X 的列车按钮为始端按钮，以 I G 上行出发信号机 S I 的列车按钮为终端按钮，依次用鼠标点击按钮，即可办理该列车的基本进路。

2. 列车通过进路的办理

列车通过进路可一次性办理，也可分段办理。例如，一次性办理下行 I G 通过进路时，以下行进站信号机 X 的通过按钮为始端按钮，以上行反向进站信号机的列车按钮为终端按钮。如果分段办理，则将下行接车至 I G 和 I G 向下行方向发车两段列车基本进路结合。

3. 基本调车进路的办理

基本调车进路的办理可参见基本列车进路的办理。例如，办理从 D1 至 D5 的调车进路时，先点击始端按钮 D1 信号机的调车按钮，再点击终端按钮 D5 信号机的调车按钮即可。

4. 长调车进路的办理

长调车进路可一次性办理，也可分段办理。分段办理是把长调车进路分为两条或多条长调车进路，逐段办理。一次性办理与基本进路的办理方式基本一样。

5. 取消进路

操作："总取消"按钮＋进路始端信号按钮。

条件：进路处于预先锁闭阶段，进路中无车，轨道电路无故障。

显示：进路黄色光带消失，信号复原。

6. 人工延时解锁进路

操作："总人解"按钮＋进路始端信号按钮。

条件：进路处于接近锁闭阶段，进路中无车，轨道电路无故障。

显示：信号关闭后，在列车或车列（以下统称列车）未冒进信号的情况下，接车进路或正线发车进路延时 3 min 后自动解锁，其他进路延时 30 s 后自动解锁。

1.5.4 实验实训成果

学生按要求提交实训报告一份。

1.6 车站计算机联锁表填写

联锁图表是车站联锁设备间联锁关系的说明，采用图和表的形式来表示。联锁图表由信号平面布置图和联锁表两部分组成。联锁图表说明车站信号设备之间的联锁关系，显示了进路、道岔、信号机以及轨道电路区段之间的基本联锁内容。

1.6.1 实验实训目的

通过本次实训，学生要掌握计算机联锁的概念、计算机联锁信号平面布置图的解读以及联锁表的编制。

1.6.2 实验实训任务

(1) 操作计算机联锁软件。

(2) 填写车站联锁表。

1.6.3 实验实训内容

联锁表是设计电路的依据，也是编写联锁软件的依据。编制联锁表时，应以进路为主体，从下行咽喉到上行咽喉，从列车进路到调车进路逐条依次顺序编号。联锁表见图 1.6.1。

方向	进路	进路方式	排列进路按下按钮	确定运行方向道岔	信号机		表示器	道岔	敌对信号	轨道区段	迎面进路		其他联锁	进路号码
					名称	显示					列车	调车		

图 1.6.1 联锁表

1. 方向栏

方向栏用于填写进路性质(包括通过、接车、发车、转场、调车和延续进路)及运行方向。

2. 进路栏

进路栏用于逐条列出联锁范围内的全部列车和调车的基本进路,当列车进路的同一个始端和同一个终端间存在两条或两条以上进路方式时,除列出基本进路外,还应列出一条主要变通进路作为第二种进路方式。一般把对平行作业影响小、走行距离比较短、经过道岔比较少的进路定为基本进路。

1) 列车进路

列车接至 3 股道时,写作"至 3 股道";列车由 3 股道发车时,写作"由 3 股道"。

2) 调车进路

由 D2 信号机调车时,写作"由 D2";调车至 3 股道时,写作"至 3 股道";向尽头线、专用线、机务段、双线出口等处调车时,写作"向 D6"。

3. 进路方式栏

进路方式栏用于区分基本进路和变通进路。

4. 排列进路按下按钮栏

排列进路按下按钮栏用于顺序填写排列进路时应按下的按钮名称及排列变通进路时应按下的变通按钮名称或是起变通按钮作用的调车按钮名称。对基本进路,应按顺序写出始端按钮和终端按钮;对变更进路,需写出始端按钮、变更按钮和终端按钮。并置、差置、单置均可作列车变更按钮使用。

5. 确定运行方向道岔栏

当有两种以上运行方式时,应填写在开通进路中起关键作用的对向道岔位置。

6. 信号机栏

信号机栏填写始端信号机名称及其显示符号。

7. 表示器栏

表示器栏填写进路表示器组合灯位。进路表示器可以左、中、右灯位区分，超过三个方向时以两组进路表示器组合后的灯位分别表示。

8. 道岔栏

道岔栏用于顺序填写所安排进路中的全部道岔与有关防护和带动道岔的编号及位置。道岔的号码外加小括号表示进路要求该道岔处于反位位置，不加小括号则表示要求道岔处于定位位置。为了满足平行作业的需要，排列进路时还应该把不包括在路中的道岔带动到规定位置（称为带动道岔）。

9. 敌对信号栏

用道岔位置不能间接控制且不能同时排列的两条进路叫作敌对进路。站内联锁设备中，敌对进路必须互相照查，不得同时开通。填写时应注意条件敌对和无条件敌对，所谓无条件敌对是指具有相同区段的进路之间的敌对关系。所谓条件敌对是指当有关道岔处于某一位置才构成的敌对关系。

10. 轨道区段栏

轨道区段栏填写排列进路时应检查的轨道区段名称。

11. 迎面进路栏

迎面进路栏填写同一到发线上对向列车、调车进路的敌对关系，以线路区段名称表示。

12. 其他联锁栏

其他联锁是指所排进路与局部控制道岔、非进路调车、机务段同意、延续进路等之间的联锁关系，应把这些联锁关系填入其他联锁栏内。出站信号机开放前要检查离去区段的条件，在发车进路的"其他联锁"栏内要填写"BS"字样。反向发车时，在"其他联锁"栏内要填写"允许改方"。

13. 进路号码栏

进路号码栏填写按全站列车进路和调车进路顺序编号。

1.6.4　实验实训成果

学生按要求提交实验实训报告一份。

1.7　线路中心线法绘制道岔

道岔是铁路线路的重要组成部分，在铁路线路上大量铺设，而在铁路车站最为集中。

由于道岔设备对车站行车工作的影响较大，因此有必要详细学习道岔的基本构成和车站平面图中道岔的表示方法。

1.7.1　实验实训目的

(1) 掌握道岔的线路中心线表示方法。

(2) 掌握道岔的线路中心线表示方法中的各项参数。

(3) 能够按比例绘制出道岔示意图。

1.7.2　实验实训任务

学生学会采用道岔中心线法绘制普通单开道岔。

1.7.3　实验实训内容

(1) 用线路中心线法绘制普通单开道岔，道岔类型为 TB399-75，50 kg/m，图中必须标注出对应参数，比例任选，在图纸的右下角注明即可。

(2) 绘制相邻道岔的六种常见配列形式示意图。

1.7.4　实验实训成果

学生按要求提交 CAD 图纸一张。

1.8　确定两相邻道岔岔心距

道岔是轨道的一个薄弱环节，在不同的车站中，道岔与道岔的相互配列形式不同，由此对车站造成的影响不同。在道岔配列时，应能保证行车安全、作业安全等基本要求，且应尽量缩短咽喉长度，达到节约工程投资的目的。道岔岔心距的确定是道岔配列的重要内容，正确掌握其计算方法，对掌握道岔配列意义重大。

1.8.1　实验实训目的

(1) 掌握道岔的几何要素。

(2) 掌握常见的道岔配列形式。

(3) 掌握道岔中心距的计算方法。

1.8.2　实验实训任务

学生学会计算两相邻道岔岔心距。

1.8.3 实验实训内容

M 站 A 端咽喉布置如图 1.8.1 所示，列车正线直向通过速度按 100 km/h 以下设计，车站岔枕采用木岔枕，Ⅱ 与 4 线间距为 $1.75 \times 2 + 9 = 12.5$ m，16 与 18 间距为 6.5 m，牵出线与机车入段线、机车出入段线的线间距离均为 6.5 m。试确定两相邻道岔中心间的距离。

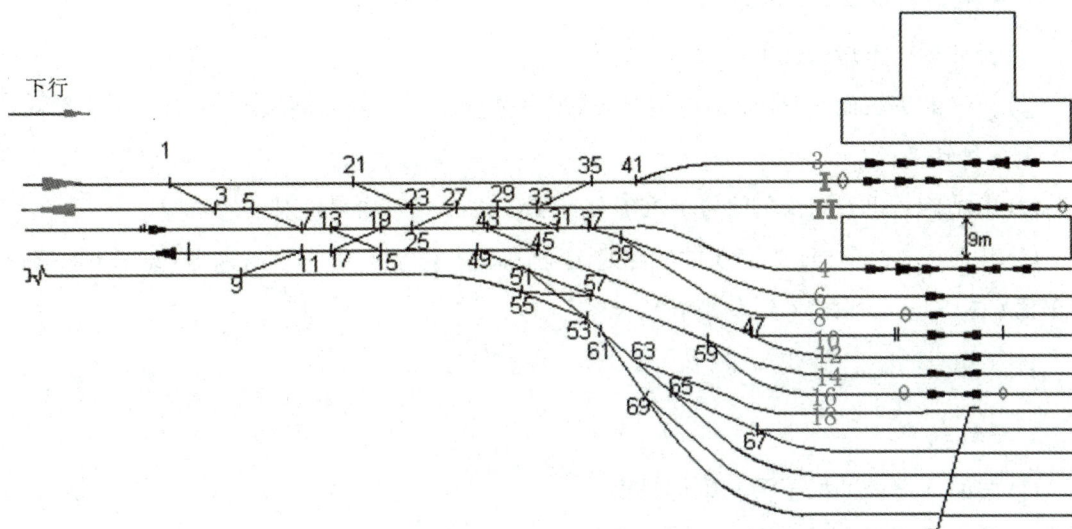

图 1.8.1　M 站 A 端咽喉布置图

1.8.4 实验实训成果

学生按要求完成计算图表一张。

1.9　坐标及线路有效长推算

到发线有效长是指在线路全长范围内停留机车车辆而不至于影响邻线行车的部分，由于到发线有效长影响因素较多，所以线路有效长计算必须正确，错误的结果会引发事故、导致人员伤亡。因此，应在正确认识线路有效长影响因素的基础上，学会相关坐标的计算方法、准确推算有效长。

1.9.1 实验实训目的

(1) 掌握影响线路有效长的因素。

(2) 掌握道岔中心、警冲标、信号机、钢轨绝缘节坐标的计算方法。

(3) 掌握线路有效长的计算方法。

1.9.2　实验实训任务

学生学会根据所学理论确定教材给定区段站的线路有效长。

1.9.3　实验实训内容

1. 影响线路有效长的因素

(1) 警冲标：不造成侧面冲突。

(2) 道岔的尖轨始端(无轨道电路时)或道岔基本轨接头处的钢轨绝缘(有轨道电路时)不影响道岔转换。

(3) 出站信号机(或调车信号机)DF 线或 DC 线：不影响司机对信号瞭望。

(4) 其他因素：车挡(为尽头式线路时)，挡车器(箭翎线)，车辆减速器(驼峰调车场)，停车器(调车场)，水鹤(到发线)。

2. 线路有效长规定

1) 通过式

(1) 线路一端警冲标至另一端信号机。

(2) 线路一端警冲标至另一端对向道岔始端基本轨轨缝或基本轨轨缝外方绝缘处的信号机。

(3) 无轨道电路，对向道岔的尖轨尖端为有效长起、止点。

2) 尽头式

(1) 信号机至车挡。

(2) 对向道岔始端基本轨轨缝处的信号机(无轨道电路时为尖轨尖端)至车挡。

3) 驼峰调车场线路有效长

调车线有效长是指调车线始端制动位出口至尾部警冲标(或编发线的出站信号机)。

4) 到发线有效长系列

(1) 到发线有效长度系列分为货物列车到发线有效长度系列和旅客列车到发线有效长度系列。

(2) 货物列车到发线有效长度系列为 1050 m、850 m、750 m、650 m、550 m。

(3) 警冲标及出站信号机设置位置的确定。

① 不设轨道电路时，按警冲标或信号机至相邻两侧线路中心的最小距离及线路平面条件计算。

② 设轨道电路时，先按照信号机至相邻两侧线路中心的最小距离及线路平面确定其位置，并在与信号机对齐位置设置绝缘轨缝，距绝缘轨缝中心即信号机后方 3.5 m 计算确定警冲标。但对矮型机构不设表示器的信号机，应先按警冲标至相邻两侧线路中心的最小距离确定其位置，然后在警冲标前方 3.5 m 计算确定信号机。

为确保线路有效长，有利于信号机的安装和避免锯轨，有关各轨道电路信号机及警冲标至岔心的距离，采用 12.5 m 标准轨的配轨，长度不足时用 8.0 m、6.25 m、4.5 m 的标准短轨调整绝缘轨缝位置，重新计算确定信号机及警冲标的相应位置，注意 4.5 m 短轨不能用于正线。轨道电路图如图 1.9.1 所示。

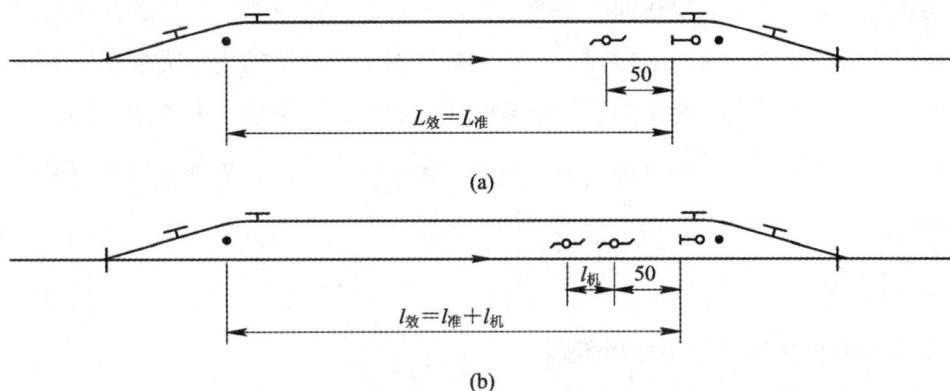

(a)

(b)

图 1.9.1　轨道电路图

每个上水处设一个水鹤时，其距出站信号机为 50 m。

每个上水处设两个水鹤时，其中一个水鹤距出站信号机 50 m，而另一个水鹤与其相距一台机车长度。

客机水鹤位置按旅客列车停留位置而定。

例如，推算图 1.9.2 中相关点的坐标，并计算线路的有效长。设计速度为 100 km/h 的客货共线，列车侧向过岔速度不超过 50 km/h，采用混凝土岔枕。正线兼到发线 II 道通行超限货物列车中间站台宽 4 m。出站信号机采用基本宽度为 380 mm 的高柱色灯信号机，有轨道电路，到发线采用双进路。

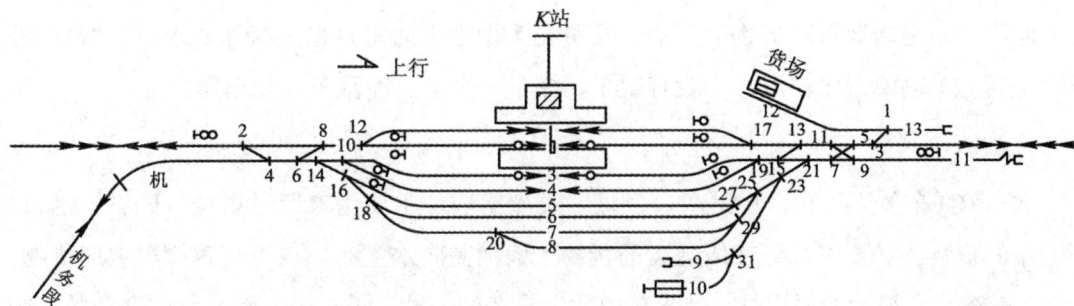

图 1.9.2　出站信号机图

要求：① 标出各道岔中心、连接曲线角顶、警冲标及信号机坐标；

② 确定各到发线的实际有效长，标准有效长 1050 m。

1.9.4　实验实训成果

学生按要求完成计算过程图表一张。

1.10　车站货运设备认知

铁路货物运输设备是运输作业的重要工具，本实训从两方面对学生进行训练，一方面是通过对铁路货物运输车辆的认知训练，让学生掌握车站常见的货车类型以及主要适用的货物种类；另一方面是通过对装卸机械设备的认识训练，让学生掌握其适用的货物、对场地的要求、主要效率等。通过对本次实验实训的学习可以让学生掌握铁路货物运输设备的相关知识。

1.10.1　实验实训目的

(1) 掌握常见的货运车辆与使用范围。

(2) 掌握常见的特种车辆与使用范围。

(3) 掌握常见的装载加固设备。

1.10.2　实验实训任务

(1) 认识和使用货运车辆。

(2) 认识和使用特种车辆。

(3) 认识和使用装载加固设备。

1.10.3　实验实训内容

1. 通用货车

通用货车是装运普通货物的车辆，其货物类型多不固定，也无特殊要求，在所有铁路货物运输的车辆中占比较大，一般有敞车、棚车、平车、冷藏车和罐车等。

1) 敞车

敞车 (C) 车体无车顶，由地板、侧墙、端墙组成，主要用来运送煤炭、矿石、钢材等不怕湿的货物。必要时，可在所装运的货物上面加盖防水篷布，也可代替棚车装运货物。因此，敞车具有很大的通用性，是货车中数量最多的一种。图 1.10.1 所示为 C70 型敞车图。

图 1.10.1　C70 型敞车图

2) 棚车

棚车 (P) 车体由地板、侧墙、端墙、车顶、门和窗组成，主要用来运送日用品、粮食、仪器等比较贵重和怕晒、怕湿的货物。大多数棚车是通用型的。图 1.10.2 所示为 P62 型棚车图。

图 1.10.2　P62 型棚车图

3) 平车

平车 (N) 车体只有地板，没有固定的侧墙和端墙，主要用来运送钢材、木材、汽车、机器等体积或重量较大的货物，也可借助集装箱装运其他货物。有的平车装有活动墙板，可用来装运矿石等散粒货物。图 1.10.3 所示为 N16 型平车图。

图 1.10.3　N16 型平车图

4) 冷藏车

冷藏车 (B) 的车体与棚车车体外形相似，为了减少太阳辐射热，车体外表涂成银灰色，墙板夹层装有隔热材料，车里装有保温、制冷、测温和通风装置，主要用来运送鱼、肉、水果、蔬菜等鲜活易腐货物。冷藏车内有制冷设备和加温设备。图 1.10.4 所示为 B23 型五节式机械冷藏车图。

图 1.10.4　B23 型五节式机械冷藏车图

5) 罐车

罐车 (G) 车体外形为一个卧放的圆筒，具有较大的强度和刚度。罐体上设有安全阀，当外界温度发生变化、罐体内的压力超过定数值时，安全阀能自行打开，将罐内气体放出；当罐内压力低于一定数值时，通过安全阀向罐内补气，以保证运行安全。按用途可将罐车分为轻油类罐车、黏油类罐车、酸碱类罐车、液化气体类罐车和粉状货物罐车。按结构特点可将罐车分为有空气包罐车和无空气包罐车，有底架罐车和无底架罐车，上卸式罐车和下卸式罐车等。罐车主要用来运送油、酸、水等各种液体、液化气体及粉末状固体货物。粉末状固体货物在装卸时使用压缩空气使粉状货物液态化，可提高装卸效率，减少粉尘污染，并可节约大量的袋装用纸，具有很大的经济效益。图 1.10.5 所示为 U61W 型水泥罐车图。

图 1.10.5　U61W 型水泥罐车图

2. 专用货车

专用货车一般指只运送一种或很少几种货物的车辆。其用途比较单一，同一种车辆要求装载的货物重量或外形尺寸比较统一，有时在铁路上的运营方式也比较特别，如固定编组、专列运行等。专用货车一般有矿石车、水泥车、集装箱车、粮食车、长大货车(长大平车、落下孔车、凹型车、钳夹车)、毒品车、家畜车、活顶棚车、特种车等。

1) 矿石车

矿石车(K)车体有固定的侧、端墙和卸货用的特殊车门，主要用以运送矿石、煤炭等货物。有的车体下部呈漏斗形，并设底门卸货(又称漏斗车)，有的车体能向一侧倾斜，由侧门卸货(又称自翻车)。图 1.10.6 所示为 KF-60 自翻车图。

图 1.10.6 KF-60 自翻车图

2) 水泥车

水泥车(U)为密封式罐型车体，车顶有装水泥的舱孔，设气卸式卸货装置，用压力空气卸货，供运送散装水泥之用。图 1.10.7 所示为立式散装水泥专用车图。

图 1.10.7 立式散装水泥专用车图

3) 集装箱车

集装箱车 (X) 无车底板和车墙板。车底架上设固定式、翻转式锁闭装置和门止挡，以便锁闭集装箱，供运送各种系列集装箱之用。图 1.10.8 所示为 X70 集装箱专用平车图。

图 1.10.8　X70 集装箱专用平车图

4) 长大货物车

长大货物车 (D) 车体长度在 19 米以上、无墙板、载重 70 吨以上，用以装运各种长大重型货物，如大型机床、发电机、化工合成塔等。长大货物车按其结构形式可分为钳夹式长大货车 (见图 1.10.9)、凹底平车 (见图 1.10.10)、落下孔车 (见图 1.10.11) 等。由于这些车的载重及自重都较大，为适应线路允许的轴重要求，车轴数较多。

图 1.10.9　D38 型钳夹式长大货车图

图 1.10.10　D32 型凹底平车图

图 1.10.11 DK35A 型落下孔车图

1.10.4 实验实训成果

学生按要求提交实训报告一份。

第二章　城市轨道交通基础实验实训

2.1　车站 IBP 盘功能认知及操作

IBP 盘又称综合后备盘，放置在地铁车站综合控制室内。当车站设备服务器或者人机界面出现故障时，车站值班操作员可通过 IBP 盘对本车站进行应急管理；在紧急情况下，车站值班操作员直接操作 IBP 盘上的按钮、钥匙开关等，采用人工介入方式进行运行模式操作和某些设备的远程单动操作。

2.1.1　实验实训目的

(1) 熟练掌握操作界面和软件画面基本理论。

(2) 熟练掌握 IBP 盘的操作要求及操作过程。

2.1.2　实验实训内容

IBP 盘由 IBP 面板、PLC(由 BAS 专业提供)、人机界面终端 (由其他专业提供并安装)、监控工作台构成。发出的控制信号输入 IBP 盘的 PLC，由 PLC 发出联动控制指令和某些设备的远程控制指令。另外，PLC 通过通信接口和 FAS 报警控制器连接，接收 FAS 报警控制器直接传来的火灾指令，并将火灾信息转送到现场冗余 PLC 和 BAS 工作站，实现后备盘的手动操作与表示功能，保证车站控制室具有紧急后备装置，以免影响安全。

IBP 盘上设置紧急控制按钮，状态指示灯等，可对重要设备进行应急监控。由于 IBP 是控制各重要设备的重要手段，因此所有按钮、钥匙开关、指示灯等应可靠、耐用，其控制级别应高于各系统操作站。

车站综合监控系统均配置 IBP 盘，用于对本车站内的各种主要设备进行紧急控制与监视。车站值班操作员在车站综合监控系统的服务器或者人机界面出现故障时通过 IBP 盘对本车站进行应急管理。

1. 软件画面切换

软件画面切换主要实现各个 IBP 盘监控控制系统模拟画面的切换。如图 2.1.1 所示，点击下拉列表框，选择相应的画面，即可完成软件画面的切换。

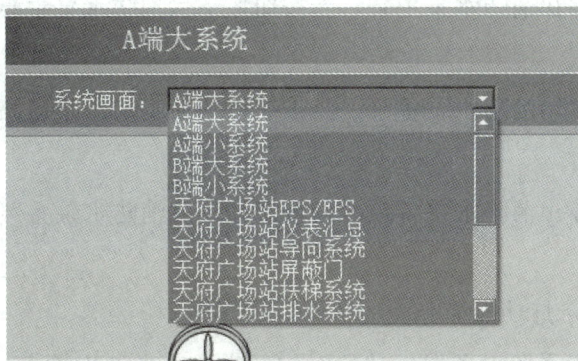

图 2.1.1　IBP 盘软件切换界面

2. IBP 盘的功能模块

IBP 盘包含的功能模块有消防水泵系统、隧道通风系统、车站环控系统、屏蔽门系统、自动扶梯系统、门禁系统、AFC 闸机系统、牵引供电系统。

1) 消防水泵系统

消防水泵系统主要用来监视消防泵，稳压泵的运行状态，在火灾发生时对消防泵进行启停，当消防泵及稳压泵发生故障时进行故障报警以及监视水池的水位。消防水泵系统的主要设备有消防栓泵、稳压泵及指示灯，如图 2.1.2 所示。

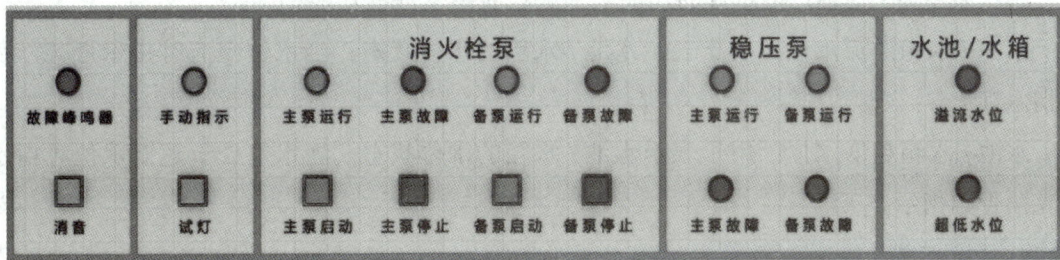

图 2.1.2　IBP 盘消防水泵系统的操作界面按钮及指示灯

(1) 操作界面各按钮功能简介。

消音：用于测试故障蜂鸣器是否正常。消音按钮为非自锁按钮，当按钮按下时故障蜂鸣器指示灯亮，并且发出故障报警声；当按钮松开后故障蜂鸣器指示灯熄灭，蜂鸣器停止发出报警声。

试灯：用于测试指示灯是否正常。试灯按钮为非自锁按钮，当按钮按下时所有指示灯全亮，当按钮松开后指示灯全灭。试灯按钮应在系统正式运行前测试使用，在系统运行后(例如在消防泵及稳压泵已处于启动时)不应再按此按钮。

主泵启动：用于启动消防水泵主泵，当按钮按下后消防水泵主泵启动，主泵运行指示灯亮。

主泵停止：用于停止消防水泵主泵，当按钮按下后消防水泵主泵停止运行，主泵运行指示灯灭。

备泵启动：用于启动消防水泵备泵，当按钮按下后消防水泵备泵启动，备泵运行指示灯亮。

备泵停止：用于停止消防水泵备泵，当按钮按下后消防水泵备泵停止运行，备泵运行指示灯灭。

(2) 操作界面各指示灯功能简介。

故障蜂鸣器：用于系统设备发生故障时进行报警，当消火栓主/备泵、稳压主/备泵发送故障信号时该指示灯亮并发出故障报警声。

手动指示：用于表示系统是否可以进行手动操作，指示灯亮时表示系统按钮有效，否则按钮无效。

消火栓泵主泵运行：用于表示消火栓泵主泵的运行状态，消火栓泵主泵运行时指示灯亮，否则指示灯灭。

消火栓泵主泵故障：用于表示消火栓泵主泵的故障状态，消火栓泵主泵发生故障时指示灯亮，否则指示灯灭。稳压栓泵主泵/备泵，稳压泵主泵/备泵指示灯与消火栓泵主泵指示灯的功能相同。

稳压泵主泵/备泵：指示灯的功能与消火栓泵指示灯的功能相同。

水池/水箱溢流水位：用于表示水池/水箱的水位状态，当水位溢流时指示灯亮，否则指示灯灭。

水池/水箱超低水位：用于表示水池/水箱的水位状态，当水位处于超低水位时指示灯亮，否则指示灯灭。

2) 隧道通风系统

列车正常运行时，可以利用列车产生的活塞风与室外空气进行置换，排除区间隧道内的余热、余湿。但在火灾情况下，隧道通风系统应能迅速排除烟气和向乘客及消防人员提供必要的新风量，形成一定的迎面风速，诱导乘客安全撤离。隧道通风系统的主要设备有风亭/风井、风阀、风机。

3) 车站环控系统

图 2.1.3 所示为车站环控系统图。

车站环控系统主要用于当车站设备和管理用房等区间发生火灾时进行联动操作，以进行防排烟，防排烟模式又分为气体灭火保护设备间防排烟、其他设备管理间（泵房、厕所等除外) 防排烟和公共走道区防排烟 3 种模式。车站环控系统的主要设备有风亭 / 风井、风阀、风机、气体灭火系统。

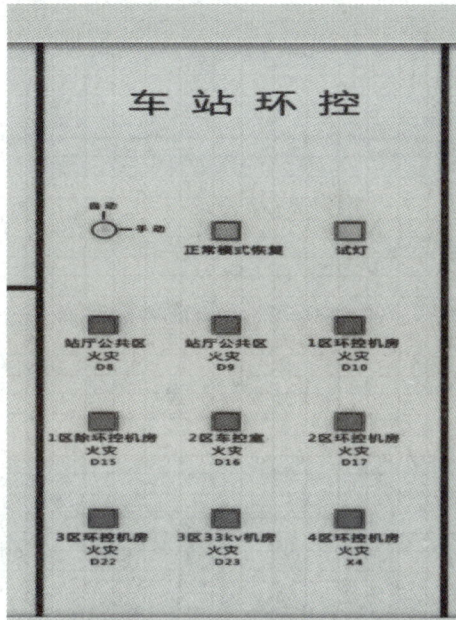

图 2.1.3 车站环控系统图

4) 屏蔽门系统

图 2.1.4 所示为屏蔽门系统图。

图 2.1.4 屏蔽门系统图

屏蔽门系统主要实现屏蔽门紧急开关控制，监视本站内安全门系统状态及报警，并在紧急情况下实行对屏蔽门的开启。

5) 自动扶梯系统

图 2.1.5 所示为自动扶梯系统图。

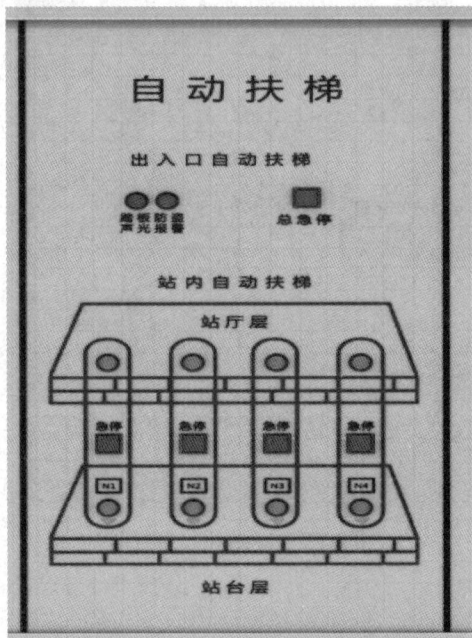

图 2.1.5　自动扶梯系统图

自动扶梯系统主要用来在紧急情况下控制扶梯的紧急停止和正常运行。

6) 门禁系统

图 2.1.6 所示为门禁系统图。

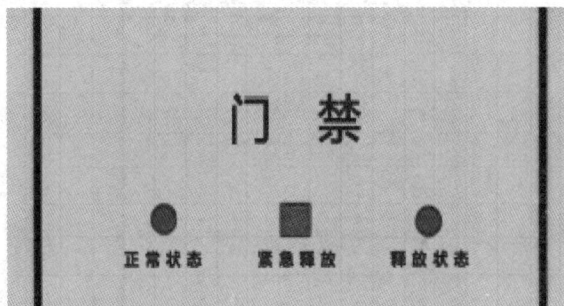

图 2.1.6　门禁系统图

门禁系统主要用于火灾时救灾人员在 IBP 盘上手动紧急打开所有门锁。

7) AFC 闸机系统

图 2.1.7 所示为 AFC 闸机系统图。

图 2.1.7 AFC 闸机系统图

AFC 闸机系统主要用于火灾时救灾人员在 IBP 盘上手动紧急打开所有闸机。

8) 牵引供电系统

图 2.1.8 所示为牵引供电系统图。

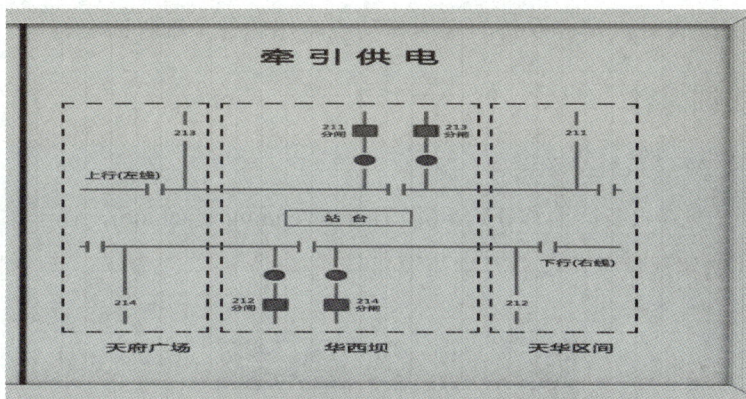

图 2.1.8 牵引供电系统

牵引供电系统主要用于供电系统的直流开关控制，监视本站内的牵引变电所的直流上网开关设备的开合状态，独立控制直流上网开关的分闸和合闸。

2.1.3 实验实训任务

(1) 每位同学根据指导书的资料，掌握 IBP 盘操作界面、软件画面和 IBP 盘的基本操作过程。

(2) 根据老师给出的车站某种应急情况，进行 IBP 盘操作。

(3) 每位同学根据实训内容，完成实验实训报告。

2.1.4 实验实训成果

学生按要求提交实训报告一份。

2.2 自动售票机认知及操作

自动售票机系统由微电脑控制，其功能强大，设置灵活，稳定性高，具有二维条码打

印 / 激活、感应卡识别、打印票据、银行卡识别、密码键盘等功能，触摸屏液晶界面可设多级菜单，可以显示窗口名称及公告等内容，打印内容可灵活编辑修改，可实时统计报表，生成各种统计报表。

2.2.1　实验实训目的

学生通过对车站自动售检票系统相关终端设备的认知学习，掌握自动售检票系统终端设备的基本操作，熟悉和区分各类设备，并掌握其功能。

2.2.2　实验实训任务

学习 AFC 终端设备，掌握设备的操作和功能，熟悉各个部件的名称。

2.2.3　实验实训内容

(1) 认知各类 AFC 系统终端设备。

自动售票机 (见图 2.2.1) 简称 TVM 机 (Ticket Vending Machine)，设于车站非付费区，用于乘客自助式购买地铁单程票和对储值票进行充值。

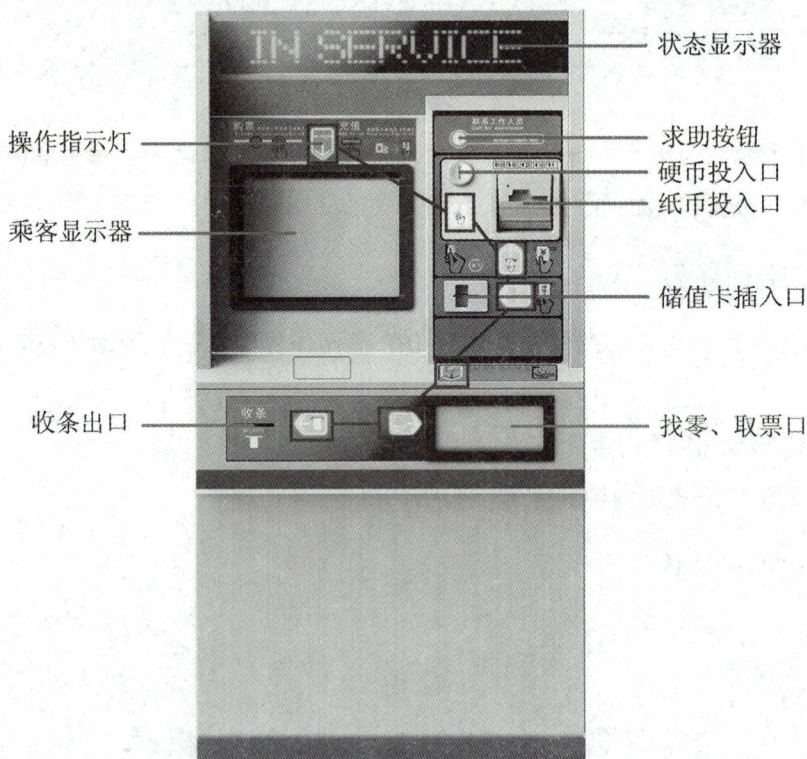

图 2.2.1　售票机

自动售票机的技术参数如下：

- 工作电压为交流 $220 \times (1 \pm 10\%)$V。
- 频率为 $50 \times (1 \pm 4\%)$Hz。
- 待机功耗 $\leqslant 100$ W。
- 额定功耗 $\leqslant 600$ W。
- 工作温度为 $-20 \sim +50$ ℃。
- 平均无故障工作次数 MCBF 应大于 10 万次。
- 平均故障恢复周期应小于 30 min。
- 提供硬币购票、纸币购票、硬币和纸币混合购买单程票功能。
- 支持先选站点再投币和先投币再选站点两种购票操作。
- 提供硬币循环找零和至少 40 枚原币返还功能，硬币的检测准确率应大于 99.9%，并具备 2 款纸币找零功能。
- 具备充值卡充值功能，纸币处理模块能接受至少 13 种不同纸币，纸币箱的纸币容量 $\geqslant 1000$ 张，自动整齐码放。
- 储票箱容量 $\geqslant 1000$ 张 / 个。
- 操作面板拆卸方便，大部分模块可用导轨拖出，维护方便。
- 各种箱体轻便可靠，配备电子 ID 和多重保护，兼顾安全性和易用性。
- 外形、各操作区域布置必须满足人体工学要求，方便操作及设备维护。
- 主要配件、备件包括 1 个触摸屏及乘客显示器、1 个嵌入式工业计算机、1 个硬币处理模块 (包含硬币识别器和储币箱)、1 个纸币处理模块 (包含纸币感应器和储钞箱)、1 个单程票发售模块 (包含 2 个储票箱和 1 个废票箱)、1 个票卡读写器。

(2) 对自动售票机和自动检票机进行设备拆装学习。

2.2.4　实验实训成果

学生按要求提交实训报告一份。

2.3　检票机认知及操作

自动检票可使排队检票井然有序，还能够有效防止假票、逃票现象发生，减轻车站值班人员的工作负荷。

2.3.1　实验实训目的

学生通过对车站自动售检票系统相关终端设备的认知学习，掌握自动售检票系统终端设备的基本操作，熟悉和区分各类设备，并掌握其功能。

2.3.2 实验实训任务

学习 AFC 终端设备，掌握设备的操作和功能，熟悉各个部件的名称。

2.3.3 实验实训内容

(1) 认知各类 AFC 系统终端设备。自动检票机的外观结构如图 2.3.1 所示。

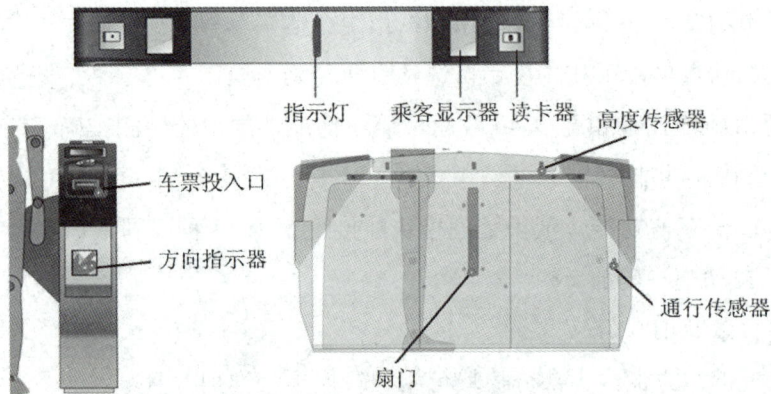

图 2.3.1 自动检票机的外观结构

自动检票机的技术参数表见表 2.3.1。

表 2.3.1 自动检票机的技术参数表

设备名称	技 术 参 数
自动检票机（进站）	• 工作电压为交流 $220 \times (1 \pm 10\%)$V。 • 频率为 $50 \times (1 \pm 4\%)$Hz。 • 待机功耗 $\leqslant 100$ W。 • 额定功耗 $\leqslant 600$ W。 • 平均无故障工作次数 MCBF 应大于 10 万次。 • 平均故障恢复周期 MTTR 应小于 30 min。 • 对单程票和储值票进行票卡分析。 • 具有乘客身高检测部件，可对乘客身高进行自动测定。 • 能够对乘客进行进站控制。 • 具有操作声光提示，并具备语音提示功能。 • 机械部分应保证每天使用超过 10 000 次，使用寿命超过 500 万次。 • 每扇门的 MCBF 不小于 1 000 000 次。 • 每分钟通过 60 名持非回收车票的乘客，每分钟通过 40 名持回收车票的乘客。 • 外形、各区域布置必须满足人体工学要求，方便操作及设备维护。 • 主要配件、备件包括 1 个扇门机构、1 个乘客显示器、1 个票卡读写器、1 个主控单元

续表

设备名称	技 术 参 数
自动检票机（出站）	• 工作电压为交流 $220 \times (1 \pm 10\%)$V。 • 频率为 $50 \times (1 \pm 4\%)$Hz。 • 待机功耗 ≤ 100 W。 • 额定功耗 ≤ 600 W。 • 平均无故障工作次数 MCBF 应大于 10 万次。 • 平均故障恢复周期 MTTR 应小于 30 min。 • 对单程票和储值票进行票卡分析。 • 能够对乘客进行出站控制、具有乘客身高检测部件，可对乘客身高进行自动检测。 • 单程车票自动回收，回收票卡速度应 ≤ 0.5 秒 / 张。 • 将 6.5 寸液晶显示屏作为状态信息显示。 • 具有操作声光提示，并具备语音提示功能。 • 机械部分应保证每天使用超过 10 000 次，使用寿命超过 500 万次。 • 每扇门的 MCBF 不小于 1 000 000 次。 • 每分钟通过 60 名持非回收车票的乘客，每分钟通过 40 名持回收车票的乘客。 • 回收箱箱体轻便可靠，配备有电子 ID。 • 能通过车站局域网与 SC 相连，与 SC 进行信息交互。 • 外形、各区域布置必须满足人体工学要求，方便操作及设备维护。 • 主要配件、备件包括 1 个扇门机构、1 个乘客显示器、1 个票卡读写器、1 个单程票回收模块、1 个主控单元

(2) 对自动售票机和自动检票机进行拆装学习。

2.3.4 实验实训成果

学生按要求提交实训报告一份。

2.4 屏蔽门结构认知及基本操作

城市轨道交通站台屏蔽门是城市轨道交通正常运行的重要因素，对运行的安全有着重要意义。屏蔽门有保护乘客安全、改善站台候车环境、增加车站空调及广播利用率、减缓火灾影响等作用，因此，认识屏蔽门的结构，熟悉屏蔽门的操作方法是相关专业学生应掌握的重要技能之一。

2.4.1 实验实训目的

(1) 掌握站台门的基本结构组成和分类。

(2) 了解站台门的编号方法。

(3) 掌握站台门的操作等级及具体操作方法。

(4) 了解站台门系统和信号系统的接口关系。

(5) 掌握站台门故障的分类和具体处置方法。

2.4.2　实验实训内容

站台门设置在站台边缘，是由滑动门、固定门、应急门、端门组成的连续屏障，将乘客候车区与列车运行区相互隔离，其中滑动门与列车门相对应，可多级控制开启与关闭。站台门是屏蔽门和安全门的统称，有全高、半高和密闭、非密闭之分。滑动门编号的原则是：同电客车运行方向，头端第一道滑动门编号为 1# 滑动门，依次顺序编号。

站台门操作按优先级从高到低分别为系统级操作、站台级操作、就地级操作，分别对应 CBTC 模式下屏蔽门与车门的联动、PSL 盘操作或 IBP 盘操作、LCB 盘操作。

站台门故障处理原则：确保安全，先通后恢复；对于非影响行车类故障，运营结束后进行维修。

站台门的故障分类：滑动门不能开启或关闭故障，夹人、夹物故障，应急门显示开启故障，信号系统未收到所有门"关闭且锁紧"信号故障，门体玻璃破裂或破碎故障。

2.4.3　实验实训任务

(1) 每位同学根据参考资料，掌握站台门的基本结构和分类、各种故障和影响以及故障的具体处置方法。

(2) 每位同学根据实训内容，完成实验实训报告。

2.4.4　实验实训成果

学生按要求提交实训报告一份。

第三章 道路交通基础实验实训

3.1 地点车速调查

在进行道路设计、交通规划、交通管理与控制时，均以车速作为最基本的参数，因此车速调查成为交通工程中最重要的调查项目之一。地点车速调查是最为常见的车速调查之一。地点车速指车辆通过道路某一点或某一断面时的车速，亦称瞬时车速，是描述道路某地点交通状况的重要参数，常用于制订限制车速、设计车速以及进行交通流理论的研究。地点车速调查可以采用人工测量法和机械测量法两种方式。人工测量法简单，易操作，只需要简单的设备，故本实验实训采用人工测量法。

3.1.1 实验实训目的

(1) 通过对地点车速的调查，掌握地点车速的人工测量法。

(2) 通过对测量数据的分析处理，掌握地点车速的分布规律及变化趋势，确定道路的限制车速。

(3) 了解地点车速用于交通标志设置、交通事故改善设计、交叉口交通设计的依据。

3.1.2 实验实训任务

本次调查方法为人工测量法，学生自行设计调查方案进行地点车速的调查，并分析调查地点车速的分布特性，及影响车速的原因。

3.1.3 实验实训内容

本实验实训采用人工测量法，即在调查地点，测量一小段距离 L，在两端做好标记，观测员用秒表测定各种车辆经过前后两标记的时间，记录员在记录表上记录距离、车型及通过两标记的时间。

(1) 预习准备。

① 进一步明确地点车速的概念和测量要求，选择调查地点、调查时间，确定样本量

大小以及方法抽样等。

② 了解地点车速的计算方法。

(2) 自行设计车速调查记录表。

(3) 准备实训器材和资料。

学生要准备的实训器材和资料有秒表、记录板、调查表、笔、皮尺。

3.1.4　实验实训成果

(1) 完成地点车速调查表。

(2) 进行数据整理与分析。

① 列出地点车速频率分布表并计算平均车速、样本标准偏差，如表 3.1.1 所示。

表 3.1.1　地点车速频率分布表

速度分组	速度 v_i	观测频数 f_i	观测频率 /%	累计频数 f	累计频率 /%
合计					

② 绘制地点车速的累计频率曲线，计算 $v_{85\%}$、$v_{50\%}$、$v_{15\%}$，并判断道路的限制车速。

(3) 简单分析调查地点影响车速的原因及车速的特性。

(4) 学生按要求完成实训报告。

3.2　公共交通客流调查

乘客是公共交通客运的服务对象和研究对象，对客流的动态调查与分析，是公共交通客运部门必须经常进行的主要工作。客流量是随着时间在各个方向和各个断面上不断变化的，通过调查，掌握客流变化的动态规律和特点，可为提高运营管理水平，改进调度措施，充分发挥车辆的运营效能，提供重要信息和决策依据。具体地说，公共交通客流调查的目的是：合理布设线路网，开辟新线路，调整现有线路；合理设置停靠站或调整原有停靠站；选择客运交通工具的车种、车型，经济合理地配备运力；组织行车调度，编制行车作业计划，改进调度措施，制订公共交通企业的长远发展规划，适应城市发展，满足人们不断增长的乘车需求；等等。

客流调查的方法包括问询调查法、观测调查法、填表调查法、凭证调查法和计票调查法等。观测调查法又分为随车观测法和驻站观测法。随车观测法是给线路上运行的车辆派专人记录沿途各站上下车乘客的数量以及留站人数的方法。随车观测法在调查车辆时，可以调查每车的情况，也可以抽其中部分车辆来进行调查。驻站观测法是在规定时间内派人分驻各个调查点记录上下车人数、留车人数和留站人数的调查方法。在清点留车人数时，可以直接记录乘客实数，也可以估计车厢内载客的满载率程度。本实验实训采用随车观测法和驻站观测法两种方法。

3.2.1 实验实训目的

(1) 了解城市公交线路网、公共交通工具供给以及城市公共交通的结构。

(2) 了解公交客运需求情况，掌握公交线网的基本情况，诊断现状问题。

3.2.2 实验实训任务

本实训主要进行公交客运需求现状调查，包括两方面的内容：高峰小时内线路跟车调查，站点上下客人数调查。

3.2.3 实验实训内容

1. 实训内容

(1) 进行高峰小时内线路跟车调查，自行设计并完成选定路线的随车调查记录表。

(2) 进行站点上下客人数调查，自行设计并完成选定车站的上下客流调查表。

2. 实训要求

1) 高峰小时内线路跟车调查

(1) 调查内容：统计所跟公交车辆到达沿线的时间，统计所跟公交车辆到达沿线各站的上下客人数，对所跟公交车辆到达沿线各站的上客人数进行抽样询问。随车调查的记录表格自行设计。

(2) 调查线路：在所在城市公交车线路中任选一条。

(3) 调查方法：3人一组，分别负责记录前后门上下客人数，并进行抽样询问。

(4) 调查时段及班次：早高峰时段随机单向选择3辆公交车进行跟车。

2) 站点上下客人数调查

(1) 调查内容：在所在城市的公交线路中任选一条，统计其在某站停靠时的上下客人数及到站时刻。

(2) 调查方法：2人一组，分别负责记录上车及下车乘客人数。

3.2.4 实验实训成果

(1) 学生按要求完成跟车调查记录表。

(2) 学生按要求完成典型站上下客流调查表。

3.3　平面交叉口交通量调查

　　交通量是指单位时间内通过道路某一断面或某一车道的车辆数或行人数,是描述交通流特性最重要的三个参数之一。交通量调查的目的是通过长期连续调查、短期间歇或临时调查,搜集交通量资料,了解交通量在时间、空间上的变化和分布规律,为交通规划、道路建设、交通控制与管理等提供必要的数据。交通量调查的计数方法主要有人工计数法、浮动车法、机械计数法等。采用何种方法主要取决于调查目的、所能获得的设备、经费和技术情况等。人工计数法是在我国应用比较广泛的一种原始性调查法,组织调查人员在调查路段或交叉口引道处进行交通量观测和记录,使用的工具包括计时器、手动(机械或电子)计数器和其他记录用的记录板、纸、笔。人工计数法可以调查得到分车型交通量数据、某一车道或某方向上的交通量、交叉口流量和流向数据、非机动车和行人交通量等。人工计数法的优点是适用范围广泛,适用于任何情况的交通量调查,如转向交通量调查、分车型交通量调查、行人交通调查等,机动灵活,易于掌握,精度较高,资料整理方便。从理论上看,人工计数法无论在车型的分辨上还是在计数上都比采用仪器观测更加准确和机动灵活,而且调查地点不受环境限制。故本实验实训采用人工计数法。

3.3.1　实验实训目的

　　通过本实验实训,学生要掌握调查平面交叉口交通流量的方法,并通过观测、搜集交通量资料,了解交通量在时间、空间上的变化和分布规律,为交通规划、道路建设、交通控制与管理、工程经济分析等提供必要的数据。

3.3.2　实验实训任务

　　各实验实训小组自行设计调查方案,完成平面交叉口某一入口引道上机动车的交通流量调查(分车型、分方向),并总结、分析该路口的交通流特性。

3.3.3　实验实训内容

　　本实验实训在天气良好的情况下,对某街道交叉口进行交叉口交通量调查,持续调查时间为 1 h,观测方法为人工观测法。

　　(1) 预习思考。

　　① 平面交叉口交通量调查地点应选在每个进入交叉口的哪个方向上(入口还是出口)?

　　② 在对交叉口交通量进行人工观测时,为保证观测精度,每个交叉口的路口需要安

排几个观测员，为什么要这样安排？

(2) 自行设计一种人工观测法的调查方案。

3.3.4 实验实训成果

(1) 完成交叉口交通量调查的统计表。该统计表格应包括以下内容：

① 标准车型折算，如表 3.3.1 所示。

② 各类车型折算成标准车型后的总量，如表 3.3.2 所示。

(2) 绘制交叉口交通流量的流向示意图。

(3) 完成平面交叉口交通量调查报告 (标准格式)，并结合其他组的观测数据简要分析该交叉口的交通流特性。

表 3.3.1 以小汽车为标准的城市道路交通量调查换算系数表

车辆类型	换算系数	车辆类型	换算系数
小汽车	1.0	中、小型公共汽车	2.5
小型载货汽车	1.5	大型公共汽车、无轨电车	3.0
3～5 t 载货汽车	2.0	摩托车、轻便摩托车	0.8
5 t 以上载货汽车	2.5		

表 3.3.2 机动车交通量汇总表

时间 /min	通行车辆 / 辆		
0～5			
5～10			
…			
55～60			
合 计			

注意：汇总表格请根据观测方法自行设计完善。

第四章　设计类实训

4.1　计算机编制列车运行图

列车运行图是将铁路网连接成一个整体、体现全路一盘棋的最典型代表，是铁路行车组织课程的基础，直接影响铁路运输安全和经济社会效益。我国铁路运输具有高铁与既有线贯通成网、既有线客货混跑、运能与运量矛盾突出等特点。与其他国家相比，我国铁路列车运行图编制的复杂性和困难性更加突出。运用计算机系统完成实际列车运行图的编制，有利于巩固铁路行车组织、铁路客运组织等核心课程的学习，有利于正确掌握我国列车运行图编制的实际流程和工作内容，为以后参加相关工作奠定良好的基础。

4.1.1　实验实训目的

(1) 会使用计算机编图系统中的数据管理子系统构建列车运行图数据库。

(2) 会根据列车运行图数据库子系统中的技术资料编制一条单线列车运行图。

4.1.2　实验实训任务

列车运行图数据库子系统是全国列车运行图编制系统的重要组成部分，用于管理编制列车运行图所需要的技术资料。在本实验实训中，通过讲解该系统各部分的功能、数据类型，学生应学会根据提供的技术资料，使用计算机编图系统的数据管理子系统构建列车运行图数据库，具体包括：

(1) 构建编图的基础数据，包括线路、车站等。

(2) 构建编图的编图数据，包括列车径路、列车特征、间隔及约束、天窗设置、显示分段等。

4.1.3　实验实训内容

1. 启动数据库管理子系统

单击【列车运行图系统2010】菜单项，将显示列车运行图系统登录窗口，如图4.1.1所示，输入路局名、部门、用户名、密码后进入列车运行图系统，点击【数据管理】菜单项即可启动数据管理子系统。

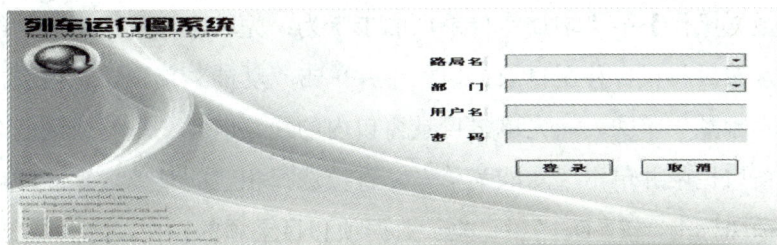

图 4.1.1 运行图登录界面

2. 数据库的建立与修改

1) 新建数据库

点击菜单上的【数据库】→【新建数据库】，系统弹出【新建】对话框，如图 4.1.2 所示。在该对话框中，用户可选择数据库保存路径并输入数据库文件名。

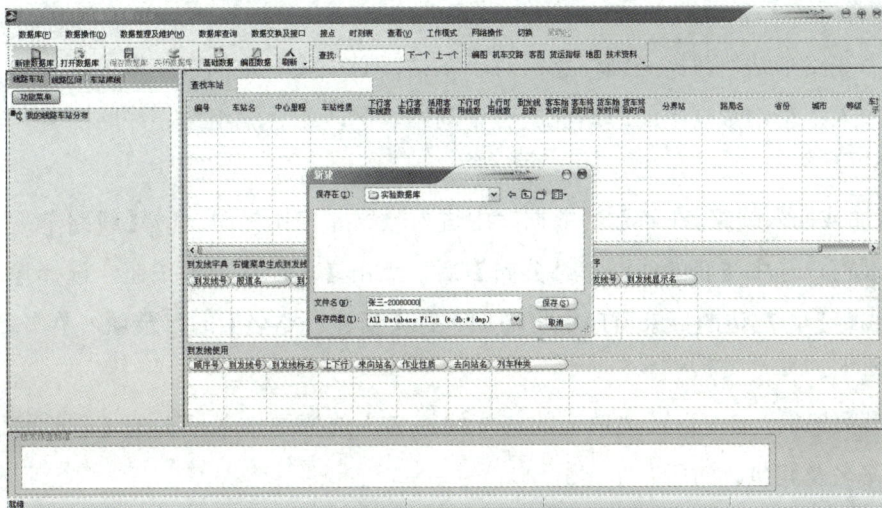

图 4.1.2 【新建数据库】对话框

2) 保存数据库

点击菜单【数据库】→【保存数据库】，或直接点击工具栏上的【保存数据库】图标，系统会询问是否确定保存数据，如果选择【否】则取消该次操作，如果选择【是】则系统继续询问是否将数据保存到数据库，如果选择【否】则数据只保存为文本文件，如果选择【是】则数据将保存回数据库。如果用户只是暂时性地保存数据，不想保存为最终数据，则可以选择不保存回数据库。

3) 关闭数据库

点击菜单【数据库】→【关闭数据库】，系统将提示是否保存当前数据库，数据库保存的过程和上面【保存数据库】过程一样，最后数据库子系统将关闭当前编辑的数据库。

3. 列车运行图基础数据的建立与修改

在【基本数据操作】中"增加"目录项的步骤为：先单击目录窗口内的线路名称、车站或区间名称，然后将鼠标移至目录窗口栏中并单击"功能菜单"，直接选择相应的菜单项功能即可。"删减"步骤为：先单击目录窗口内的线路名称、车站或区间名称，然后将鼠标移至目录窗口栏中并单击"功能菜单"，直接选择相应的菜单项功能即可，或者将鼠标移至该目录项图标上，按"Del"键。关于数据项和目录项的操作，这里再介绍几个热键：

(1) Ctrl + Insert：插入行，输入第一行数据或在两行数据中间插入一行数据时采用。

(2) Ctrl + Home：删除行，删除当前光标所在行。

(3) Enter：追加行，一行数据输入完毕后，输入另外一行数据时采用。

(4) Del：删除目录项，删除光标所在目录项。

以上热键操作在本数据库管理系统的所有目录窗口和数据窗口的操作中都适用。

1)"线路车站"数据的编辑

输入"线路车站"数据必须注意：对于车站，必须按一定的顺序输入，一般是按下行的顺序来输入；车站数据中的车站性质有中间站、区段站、编组站、线路所等，输入时要准确。

(1) 增加或插入线路。在新建的数据库中进入数据库工作界面，选择【线路车站】标签页，在左边目录窗口选中【我的线路车站分布】后，点击【功能菜单】按钮，选择弹出菜单上的【增加线路】，左边的目录窗口中将增加一行【新建线路名】的目录项，单击目录项名，改为"Y 线"。

(2) 删除线路。点击目录菜单上的某一线路名，选择弹出菜单上的【删除线路】，将删除该线路名及其包含的所有车站。

(3) 增加或插入车站数据。新建线路自带一个车站，再次添加，选择刚新建的线路"Y线"。点击【功能菜单】中的菜单项【增加车站】，或使用热键 Ctrl+Insert，则在右边的【车站数据】窗口列表的末尾就可增加一行属于该线路的车站数据。

2)"线路区间"数据的编辑

(1) 生成区间：选择【线路区间】按钮标签页，单击目录项窗口中的【我的线路区间分布】，展开所有的线路名目录项；单击所要操作的线路名，然后单击【功能菜单】上的【自动产生区间】，系统可按线路上两相邻车站自动形成区间。

(2) 编辑区间数据：可通过热键 Ctrl + Insert 在目标行插入一行，也可通过 Enter 键在尾部增加一行；可通过热键 Ctrl + Home 删除当前行。

4. 列车运行图编图数据的建立与修改

1) 列车径路

单击【列车径路】标签页，进入【列车径路】数据输入界面。

(1) 增加列车径路。单击左边目录窗口中的【我的列车径路】，选择【功能菜单】按钮，在弹出菜单中选择【增加径路】菜单项就增加了一个列车径路目录项【新建径路名 1#】。

(2) 生成对向径路。当某条径路生成完毕后，可直接采用【列车径路】→【功能菜单】中的【生成对向径路】来生成该径路的对向径路。

2) 区间运行标尺

(1) 建立运行标尺种类。【区间运行标尺】标签页主要包括三个窗口，从左至右依次为标尺目录窗口、运行种类窗口、运行标尺时分编辑窗口。

点击标尺目录窗口中的【线路区间标尺】，在展开的线路目录项中，选中要编辑线路的运行 (慢性) 标尺。然后点击运行种类窗口，按 Ctrl + Insert 键，在运行种类窗口中插入一空白行，并在空白行的"运行种类"列中定义运行标尺和慢行标尺种类。按 Enter 键继续追加行，输入新的运行种类。要建立的运行种类数一般由该线路上机车牵引种类决定。

根据示例数据，Y 线有 Y 线特快、快速、普客、临客、货车、小运转、SS7C 等 7 个运行种类，运行种类的名称可从下拉菜单中选取，也可自己输入修改。

(2) 编辑运行标尺内容。用鼠标选中运行种类窗口某运行标尺种类项后，在运行标尺时分编辑窗口将显示与之相对应的标尺内容，在该窗口中对上下行运行时分、起停车附加时分进行输入、编辑，上、下行区间长度系统会根据车站里程自动计算生成，并根据区间长度和标尺自动计算速度。

3) 列车运行参数

【列车运行参数】标签页包括 5 个窗口，分别为列车分类目录窗口、车站分类目录窗口、车站显示窗口、列车编辑窗口、列车运行时分编辑窗口。

(1) 列车的增加或插入。点击列车分类目录窗口的"我的列车特征"目录项，在展开的目录项中点击"全部客货列车"。然后将鼠标移至列车编辑窗口中，点击空白处，按 Ctrl+Insert 键，即插入该窗口中的第一行列车，直接按 Enter 键，将在插入的列车后追加列车。也可以使用列车分类目录窗口上部【功能菜单】中的"插入列车""增加列车"功能。

(2) 列车数据的编辑。在列车编辑窗口，按照数据行列标题的显示，输入相应的数据。

4) 间隔及约束

【间隔及约束】标签页主要有三个窗口，分别为间隔分类目录窗口、线路间隔编辑窗口、车站间隔编辑窗口。

（1）增加线路间隔。线路间隔设置好以后，将应用于整条线路上的所有车站，是车站默认采用的间隔标准。设置线路间隔的具体操作方法：先用鼠标左键点击间隔分类目录窗口中的 Y 线；然后用鼠标左键点击线路间隔编辑窗口的空白处，按 Ctrl + Insert 键，即插入该窗口中的第一行记录，该条记录输入完毕后，按 Enter 键，即可插入另一条新记录。

（2）编辑线路间隔。上下行、间隔类型都可以在下拉框中选择，在确定线路在上下行时的间隔类型后，可根据需要输入间隔时分。在本实验实训中，统一采用线路间隔，无特殊的车站间隔，同时，由于 Y 线属于单线半自动闭塞，因此有会车间隔、不同时到达间隔、连发间隔、同向发到间隔、同向到发间隔几种间隔。

5) 天窗设置

（1）建立天窗分段。建立天窗分段的步骤如下：

① 在屏幕上部的【我的线路天窗分布】窗口中选中 Y 线，在【天窗分段说明】窗口中按 Ctrl + Insert 键，新建一个天窗分段说明记录，根据需要选择【天窗类型】【行车方式】。由于 Y 线属于电气化铁路，因此需要进行相应的电气化维修，同时为了保证行车安全，行车方式设置为禁止行车。

② 将区间各窗口中 Y 线路对应的区间拖到【天窗分段内容指定】窗口中，则成为该天窗分段包含的区间，根据选择的线路区间，即可在【天窗分段说明】窗口自动生成"天窗说明"，即天窗区段名称。需要注意的是，天窗作业不一定包含车站，因此可根据需要在【天窗分段说明】窗口中设置。

③ 在界面顶部的起始时间框内，设置天窗时间，并点击【更改】按钮，即可统一设置各天窗区段的起止时间。

（2）删除天窗分段。直接在【天窗分段说明】窗口中，选中要删除的天窗分段，按 Ctrl + Home 键就可以了，它会把天窗分段中的所有内容清除掉。

6) 显示分段

【显示分段】标签页主要有三个窗口，分别为显示分段目录窗口、显示分段编辑窗口、基础数据显示窗口。

建立显示分段的步骤如下：

（1）用鼠标左键点击显示分段目录窗口中的"显示分段"，然后用鼠标左键点击显示分段目录窗口上的"功能菜单"，选择"增加分段"即可开始定义一个显示分段。

（2）用鼠标左键点击屏幕右上角基础数据显示窗口中的"线路车站"，选中 Y 线，屏幕右下角即显示该线路的所有车站，按住 Shift 键进行多选操作，选中组成显示分段的车站，将它们拖到屏幕中间的数据窗口中，按屏幕右上角的"保存分段"按钮，即可形成该分段内容。

7) 自动编制列车运行图

选择【编图】→【自动生成旅客列车始发方案】后，生成旅客列车始发方案，该方案以红色倒三角符显示，可通过鼠标平移操作调整货物列车始发方案点时刻。

(1) 旅客列车自动编制。选择【编图】菜单中的【编制旅客列车全图】，系统将自动生成旅客列车运行线。

(2) 货物列车始发方案布点。选择【编图】→【货物列车始发方案布点】，生成货物列车始发方案，货物列车始发方案点以蓝色和黑色倒三角符显示出来，可通过鼠标平移操作调整货物列车始发方案点时刻。

(3) 货物列车自动编制。单线列车运行图有两种编图方式，即按列车始发方案编图和按限制区间编图。一般建议采用按限制区间方式进行编图，对于能力相对紧张的单线区段，按列车始发方案布点，系统难以自动编图。本实验中采用按限制区间编图，步骤如下：

① 将【参数设置】菜单中【按限制区间编单线运行图】项打钩，则系统判断限制区间为 A7～A8，产生限制区间方案，将有关信息输出并显示到下方的信息提示框中。

② 通过鼠标实施平移操作，对限制区间的运行方案进行调整。

③ 根据功能说明中深度优化和浅度优化选择原则，使用【编图】菜单中的【编制货物列车全图(深度优化)】或者【编制货物列车全图(浅度优化)】开始自动编图。

在列车运行图自动编制完毕之后，为了提高运行图的质量，可根据系统提供的【辅助功能】中的【编图结果检查】对运行图中存在的错误进行检查，同时结合运行图的均衡性、列车运行速度、机车运用数量等质量评价指标，利用系统提供的人机交互功能，对运行图进行调整。

4.1.4 实验实训成果

(1) 学生按要求提交一个完整的列车运行图数据库。

(2) 学生按要求输出一张运行图。

4.2 客运站设备及流线设计

研究铁路客运站的设备及其功能作用和流线的组成、特点，既可以为客运站的规划设计、建设布局提供依据，也能增强客运服务质量和经济效益，同时对铁路客运站运输组织效率的提高具有重要意义。

4.2.1　实验实训目的

根据客运站的具体情况绘制出客运站设备布置图及流线图。通过此次实验实训，引导学生学习客运站设备的布置原理和流线设计的方法和特点。

(1) 掌握客运站各种设备及其功能作用。

(2) 掌握客运站各种流线的组成及特点。

(3) 掌握客运站设备布置原则与流线设计方法。

4.2.2　实验实训任务

利用所学客运站设备布置和流线组织相关理论知识，解决具体客运站设备布置和流线组织问题。

(1) 绘制客运站设备布置图及进站流线示意图。

(2) 绘制客运站设备布置图及出站流线示意图。

4.2.3　实验实训内容

流线是指旅客、行包、车辆在客运站内的集散活动产生的一定流动过程和路线。客运站房的总体布局应以各种流线为主要依据，站房布局应保证旅客流水式通行，尽可能减少各种流线的交叉干扰。

1. 进站旅客流线

旅客在不同时间内进站，办理各种不同的旅行手续，因此进站旅客流线在检票前比较分散和缓慢，且不同性质的旅客，其流线也略有不同。

1) 普通旅客流线

普通旅客流线是进站旅客中人数最多的主要流线，在车站的主要流程为：广场→广厅→咨询处→售票处→行包房→候车室→检票口→跨线设备→站台上车。

有些旅客因预先办理了部分手续，故还有以下几种流线：

(1) 预先购票不托运行李的旅客流线为：广场→广厅→候车室→检票口→跨线设备→站台上车。旅客在站停留时间较短。

(2) 上车前购票和托运行车的旅客流线为：广场→广厅→售票处→行包房→候车室→检票口→跨线设备→站台上车。旅客在站停留时间较长。

(3) 预先购票，上车前托运行李的旅客流线为：广场→行包房→候车室→检票口→跨线设备→站台上车。

(4) 上车前购票，不托运行李的旅客流线为：广场→广厅→售票处→候车室→检票口→跨线设备→站台上车。

2) 城际旅客流线

城际旅客大多在早晚乘车，多数持通勤、通学月票或季票，不需临时购票，一般到站后立即检票上车。城际客流量较大的车站可单独设置绿色通道，方便城际旅客快捷进站，上车补票，以免与其他旅客流线相互干扰。

3) 中转旅客流线

中转旅客流线比普通旅客流线简单，当列车到发时刻衔接紧凑时，旅客可在相应站台直接换乘，但多数中转旅客需要先下车出站，经过问询办理中转签票手续，然后进入候车室休息，最后经检票口、跨线设备、站台上车。

4) 团体旅客及需特殊照顾的旅客流线

团体旅客及需特殊照顾的旅客流线应与一般旅客流线分开，应设专用检票口，使他们通过便捷的径路，优先就近进站上车。

5) 贵宾流线

在经常有贵宾来往的大型客运站应设有贵宾室。为保证贵宾的安全，贵宾流线应与其他旅客流线分开，除从站房专用入口进站外，还应设专门通道，使汽车可直接驶入基本站台。

2. 出站旅客流线

旅客下车后，经跨线设备到出站检票口，通过出站广厅直接出站，另有部分旅客领取行李后出站或出站后再领取行李。出站旅客流线的特点是旅客集中、速度快、占用站房设备时间短，布置站房时应使出站旅客流线便利畅通，使旅客迅速出站，并在广场很快疏散。

3. 行包流线

行包流线应按旅客流线要求顺序排列，行包托运处及发送行包仓库应接近售票处和候车室，行包领取处及到达行包仓库应靠近出站广厅或出站口，并应与停车场相连，便于行包运送。大型客运站为避免行包流线与旅客流线的交叉干扰，设行包发送及到达地道。

4. 车辆流线

站前广场上各种公共交通车辆、接送客车辆、出租车、非机动车辆及进出站客流、行人的交通路线均应合理组织，妥善规划各种车辆的停靠位置，应按市内交通靠右侧行车习惯，将车辆到达场安排在站房右侧，车辆出发场安排在站房左侧，尽量减少交叉干扰，确保旅客行走安全及车辆集散流畅、便捷。

铁路客运站应按照以下原则规划各类用房的位置，要求防止对流，确保安全。

(1) 进站与出站两大旅客流线严格分开。

(2) 普通旅客流线与城际旅客流线、贵宾流线等流线分开。

(3) 旅客流线、车辆流线分开。

(4) 旅客转乘公共交通及出租车流线顺畅。

4.2.4　实验实训成果

请学生选择某一具体铁路客运站站房布局进行观察，根据实际情况绘制客运站客流流线图，并提交以下成果。

(1) 实训报告一份。

(2) 客运站客流流线图一份。

4.3　铁路客运站日计划作业图编制实验

铁路客运站日计划图是将客运站行车技术作业过程中关于线路专门化、列车占用线路的顺序和时间、调车作业、客车整备所的作业等内容，综合绘制在一张图上。从日计划图上，可以看出每一旅客列车及车底从到达时起、至出发时止的全部作业过程，从而可知客运站各部分的负担。日计划图是客运站安全迅速完成列车和车辆作业，合理使用车站技术设备，正确配置工作人员和实现列车运行图的重要保证。

4.3.1　实验实训目的

(1) 了解铁路客运站日计划作业编制的意义。

(2) 了解铁路客运站日计划作业编制资料的内容。

(3) 掌握客运站日计划作业编制的原理。

(4) 会绘制客运站日计划图。

4.3.2　实验实训任务

利用给定车站的设备资料、列车套用方案等信息，结合客运站日计划的理论知识，完成下列任务：

(1) 掌握铁路客运站日计划图编制的原理。

(2) 绘制客运站日计划图，完成实训报告。

4.3.3 实验实训内容

由于客运站日常行车工作变动比较少，因此可在运行图实行期间根据各次旅客列车的到发时刻、车底和车辆技术作业过程、车站技术设备等资料编制客运站工作日计划图，作为组织完成日、班作业的依据。编制客运站工作日计划图可以检查客运站各项技术作业过程之间、客运站作业与列车运行图之间是否协调，客运站技术设备运用及作业组织是否合理；查明客运站最繁忙阶段与最薄弱的环节，以便针对发现的问题，提出解决办法。客运站日计划图一般由客运站技术科工作人员编制。

在本实验实训中，通过教师对日计划图各部分的讲解，加深学生对客运站日计划图编制意义和过程的理解、认识，要求学生在绘制过程中准确理解相关的原理和结构，并完成给定某客运站日计划作业图的编制。

1. 客运站日计划图的编制流程

1) 客运站日计划图表的内容

车站技术作业图表能反映车站运用主要设备和作业的情况。由于各个车站设备条件不同，故而技术作业图表的形式也有区别，但其组成部分一般都包括以下几项：

(1) 列车到发栏：主要填写到达和出发列车的车次及时分。

(2) 到发场栏：主要填写列车占用到发线的股道和起止时间。

(3) 调车机车栏：主要填写各台调车机车在一定时间内各项生产作业内容及生产时间。

(4) 衔接方向栏：主要填写各方向列车在车站的到发以及技术作业时间。

(5) 客车整备线栏：主要填写本车站的各次列车在客技站所占用的整备线股道及时间。

2) 客运站日计划图编制流程

(1) 收集编图资料。收集车站设备资料，包括各种股道、车场、站台等数据；收集列车运行计划，确定列车的到发车次、列车级别、到发时刻、到发方向、始发终到站等数据；收集动车组运用计划，确定列车的车底套用关系和列车的出入库时间；收集维修计划，确定车站设备的可用性；收集车站标准作业时间，包括各种列车在车站的到发作业时间、车底整备作业时间、调机取送车底时间、调机非生产作业时间、列车的咽喉走行时间等；收集各种设备的使用规则和规章。

(2) 编制车站技术作业计划。安排接发列车的股道占用和时间；安排调车机车对列车车底的取送车作业；安排列车的动车组出入段、动车组站内转线、动车组连接或分解等调车作业；安排列车站内的接发进路及调车进路，避免进路冲突；根据需要安排维修车的股道占用和时间。

(3) 调整车站技术作业计划。由于股道、调车作业、进路的安排是相互关联、相互影响的，因此需要反复调整车站作业计划，直到所有列车相关的技术作业安排完毕，如果车站设备能力不足，就必须调整列车运行计划或动车组运用计划。

(4) 审查车站技术作业计划。将编制好的车站技术作业计划交由上级主管人员审查，如果审查不通过，继续调整车站作业计划直到审核通过。

(5) 执行车站技术作业计划。将审核通过的车站技术作业计划下达给客运站车站作业调度系统，作为列车在客运车站调度的基础性计划。

2. 数据准备

编制客运站日计划所需的技术资料包括客运站站场图、客运站线路基本情况、客运站技术作业时间标准、列车时刻表等。

1) 客运站设备资料

某客运站到发场总共有站线 15 股以及一条机待线。其中专门的客运到发线 7 股 (1、4、5、6、7、8、9)，专门的货运到发线 2 股 (10、XI)，专用车线 2 股 (12, 13)，机车整备线 1 股 (14)，停留车线 1 股 (15)，其中 14, 15 不贯通，2、III 为走行线，因其无站台而不办理旅客列车的接发 (通勤车除外)。客技站共有线路 34 股，其中检修线 2 股 (K1、K2)，整备线 17 股 (K3、K4、K5、K6、K7、K8、K9、K10、K11、K12、K14、K15、K16、K17、K18、K19、K20)， 存 车 线 13 股 (N1、N2、N3、N4、N5、N6、N7、N8、N9、N10、N11、N12、N13)，段修线 2 股 (L1、L2)。另外还有车轮厂线路 2 股；机修厂线路 1 股；工务线线路 1 股；专供用电线 2 股；木材厂线路 1 股；铁二局线路 7 股；西南交大专用线 3 股 (其中走行线、牵出线各 1 股)；木综厂线路 4 股 (其中装卸线 3 股、走行线 1 股)；贮木厂线路 6 股 (其中牵出线 1 股)。

某客运站的客运设备有旅客站台、候车室、行包房及客车上水栓，旅客站台设备情况见表 4.3.1。

表 4.3.1　旅客站台设备

编号	位置	高度 / 米	长度 / 米	宽度 / 米	雨棚长度 / 米	天桥或地道 / 座	附记
1	1 道南侧	0.3	557	16.5	490	天桥 $106 \times 7.5 = 795$	站中
2	4、5 道间	0.3	493	12	497	地道 $86 \times 5.05 = 434$	西头
3	6、7 道间	0.3	493	12	447	地道 $95 \times 6 = 570$	东头
4	8、9 道间	0.3	547	12	447		

车站有两台调机，一调为主调机、二调为辅调机。一调主要负责车站客车车底的取送作业，兼顾专用线取送车；二调主要负责货车取送，兼顾客车车底取送。

2) 各项技术作业程序及时间标准

客运站各项技术作业程序及时间标准见表4.3.2。

表4.3.2 作业程序及时间标准

作业程序	作业时间	备 注
调车机交接班及整备	40分	
吃饭	30分	
调车机上油	50分	每周两次
推拉车体入库、出库	30分	客技站
单机取送车体	20分	每列
站内车体转线	15分	每列
出发旅客列车上线	30分	不少于
到达旅客列车在线	30分	

3) 列车套用方案

某客运站列车套用方案及运行时刻见表4.3.3。

表4.3.3 列车套用方案及运行时刻

到达车次	到达时间	出发车次	出发时间	到达车次	到达时间	出发车次	出发时间
T7	20:44	T8	8:27	G2846	15:48	G2845	13:45
K245	23:18	K246	21:39	G2852	17:50	G2851	14:02
K545	22:04	K546	7:37	G2838	22:45	G2837	7:35
C6006	21:02	C6007	6:07	G2884	21:51	G2883	8:50
D2243	22:00	D2244	6:18	G2802	22:17	G2801	9:13
G8602	8:08	G8601	6:22	G2804	20:28	G2803	8:00
D619	18:46	D620	7:00	G2884	21:51	G2885	9:48
D5103	19:28	D5104	7:05	G2886	14:39	G2887	15:07
D636	20:42	D638	7:10	G2884	15:53	G2885	17:25
D1780	20:00	D1781	7:10	G2826	16:46	G2827	17:05
D2222	21:55	D2224	7:35	G2824	15:53	G2825	17:25
D1810	18:27	D1812	7:41	G2822	13:19	G2821	16:09
D1780	2000	D1779	7:45	G2830	15:20	G2829	15:50

续表

到达车次	到达时间	出发车次	出发时间	到达车次	到达时间	出发车次	出发时间
D953	20:58	D954	7:47	C5791	13:29	C5790	6:24
D2206	21:49	D2208	8:07	C5742	13:40	C5742	6:36
D2254	20:32	D2256	8:13	K1256	7:33	K1258	8:42
D3077	19:45	D3078	8:18	C5747	17:12	C5746	10:27
D361	21:50	D362	8:56	Z5807	21:43	Z5806	12:13
D615	16:30	D616	9:03	T246	11:38	T248	12:45
D618	18:46	D617	7:00	C5755	23:09	C5752	13:52
D2263	23:18	D2264	9:09	C5791	13:29	C5792	14:27
D2237	20:52	D2238	9:18	C5755	23:09	C5756	15:58
D2373	19:19	D2374	9:24	K787	15:18	K788	16:55
D1818	20:47	D1820	10:12	Z5806	12:13	Z5808	17:21
D2259	19:39	D2260	10:22	Z332	21:27	Z334	22:35
G2239	19:46	G2240	8:47	K529	21:20	K530	22:51
K502	10:36	K504	12:29	D366	17:04	D368	10:54
G2232	8:23	G2231	21:22	K502	10:36	K504	12:29
G1836	9:34	G1835	20:59	C6045	12:53	C6045	21:59
G2206	12:13	G2207	16:49	D1849	17:13	D1851	13:23
D633	16:23	D634	13:32	D1834	23:33	D1833	13:53
K872	12:27	K874	14:13	C6004	13:19	C6003	21:10
D5101	10:10	D5102	16:50	D5107	23:38	D5106	16:43

4.3.4 实验实训成果

请学生根据某客运站的资料，提交以下成果：

(1) 客运站日计划图一份。

(2) 实训报告一份。

4.4 城市轨道交通车站平面布置图设计

城市轨道交通车站是供旅客乘降、换乘和候车的场所。其布置应保证旅客使用方便、安全，能迅速进出车站，并配有良好的通风、照明、卫生、防火设备等，给旅客提供舒适、清洁的环境。车站应配备主要的技术设备和运营管理系统，从而保证城市轨道交通的安全运行。

4.4.1　实验实训目的

提高学生对车站布局、车站影响因素和车站形式的综合布局的认知。要求学生会绘制车站设施设备布局图、站台形式及各层布局图。通过此次实训，引导学生学习车站站内具体布局情况，熟悉各客运设备设施的功能区域。

4.4.2　实验实训内容

城市轨道交通车站设计的主要内容包括站台的长度及宽度，车站大厅、检售票、楼梯及通道尺寸，站台高度，轨道中心与站台边缘距离，设备用房和管理用房，风亭、风道及其他附属建筑物，应急情景设计等。

1. 车站的组成

城市轨道交通车站是客流的集散地，主要由出入口及通道、站厅层、站台层、车站用房四部分构成，有些简易车站可不设置站厅层。

1) 出入口及通道

(1) 出入口的设置：应根据车站规模、埋深、车站平面布置、地形地貌、城市规划、道路、环境条件等，并结合车站远期预测超高峰小时客流量计算，综合考虑确定。

(2) 出入口的数量：《地铁设计规范》(GB50157—2013) 规定，浅埋地下的车站出入口数量不宜少于 4 个；深埋地下的车站出入口的数量不应少于 2 个。对于客流量较少的车站，若是浅埋，其出入口数量可酌情减少，但不应少于 2 个。对于地下浅埋车站分期修建出入口的，第一期修建的出入口数量不应少于 2 个，每端的出入口不宜少于 1 个。

(3) 出入口的主要尺寸：出入口的宽度按车站远期预测超高峰小时客流量计算确定。根据出入口位置、主客流方向以及可能产生的突发性客流，再分别乘以 1.1 ~ 1.25 的不均匀系数计算出结果。车站出入口宽度的总和，应大于该站远期预测超高峰小时客流量所需的总宽度。出入口的最小宽度不应小于 2.5 m。兼作城市地下过街通道时，车站出入口宽度应根据城市过街客流量加宽。车站出入口地面与站厅地面高差较大时，宜设置自动扶梯。

2) 站厅层

站厅层集散厅划分为非付费区和付费区两部分，两个区域之间设有进出闸机和固定栅栏分隔，在分隔带上靠近进站闸机附近设票务室和室内半自动售票机，负责解决票务纠纷和办理补票业务。在非付费区内设有足够的乘客集散空间，布置自动售票机、自动验票机，还有银行、公用电话等公共服务设施。车站一般设置 1 个付费区、1 个非付费区，付费区内设置扶梯、垂直电梯及楼梯等。

3) 站台层

站台是供乘客上、下车及候车的场所。站台层公共区设计主要应确定站台的长度和宽度。

(1) 站台长度分为站台总长度及有效长度两种。站台总长度是根据站台层房间布置的位置以及需要由站台进入房门的位置而定。站台有效长度是远期列车编组总长度与列车停站时的允许停车距离不准确值之和。我国停车不准确值为 1 ～ 2 m，上海可精确到 0.3 m。

(2) 站台宽度有两种计算方法，分别是经验法和客流计算法。站台宽度主要根据车站远期预测高峰小时客流量大小、列车对数、结构横断面形式、站台形式、站房布置、楼梯及自动扶梯位置等因素综合考虑确定，同时要满足最小站台宽度的标准要求。为保证车站安全运营和安全疏散的基本需要，我国《地下铁道设计规范》中规定了车站站台的最小宽度尺寸。

4.4.3　实验实训任务

(1) 利用所学的车站设备布置、流线组织和车站的影响因素等相关知识。进一步加深对所学基本理论知识的理解和掌握，完善理论和实践的衔接。

(2) 通过布局图绘制，加深对轨道交通车站设计的基本内容和程序、现行国家行业标准和规范的熟悉和了解。

(3) 学会收集及查找相关资料的方法和途径。

(4) 培养学生运用所学知识分析问题、解决问题的能力。

4.4.4　实验实训成果

学生按要求提交实训报告一份 (含图纸)。

4.5　运输路径优化实训

路径优化存在于在各行各业中，运输路径优化是从车辆运输路径方面对交通运输进行优化，使得运输更加合理规范，提高企业服务质量，节约运输费用，增加企业利润。运输路径优化基本目标是：最小化总运输的成本，运输成本包括车辆的折旧费用、燃油费、司机工作酬劳；最小化总的配送里程，即让配送的车辆全部配送里程和最少；最小化在配送的车辆数，即在同样配送任务的前提下，尽量用最少的车辆配送；最大化对客户的服务水平，即对客户的服务水平进行量化，最大化服务水平；最小化车辆空载运行里程和最小化违约时间等。

4.5.1　实验实训目的

(1) 通过实训能够运用相关软件绘制运输网络图。

(2) 学会用货郎担思想解决起讫点一致的最短路线问题。

(3) 学会用 Dijkstra 算法对起讫点不同的单一路线进行优化。

(4) 学会用标号求道路网络的最大流。

4.5.2　实验实训任务

运输路径优化有利于从事运输服务的企业追求最高效益以及最低成本，这也是本次运输路径优化的主要内容。

4.5.3　实验实训内容

1. 用运筹学货郎担思想解决最短运输路径的问题

货郎担问题：某仓库 K 拟采用一辆中型载货汽车，将瓶装氧气分送给 1、2、3、4 四个货运点，各货运点之间的交通阻抗如表 4.5.1 所示，试确定分送时的最佳行驶路线。其中，O 表示起点，D 表示终点。

表 4.5.1　交通阻抗表

O	交通阻抗 /km			
	$D = 1$	$D = 2$	$D = 3$	$D = 4$
1	0	8	5	6
2	6	0	8	5
3	7	9	0	5
4	9	7	8	0

2. 用运筹学 Dijkstra 算法对起讫点不同的单一路线进行优化

Dijkstra 算法在 1959 年首先提出，也称为标号法 (Label-Correcting Method)，常用于计算从某一指定点 (起点) 到另一指定点 (终点) 之间的最小阻抗。Dijkstra 算法可以同时求出网络中所有节点到某一节点的全部最小阻抗。

1) 算法思想

(1) 从起点 O 开始，给每个节点一个标号，分为 T 标号和 P 标号两类。T 标号是临时标号，表示从起点 O 到该点的最短路权的上限；P 标号是固定标号，表示从起点 O 到该点的最短路权。

(2) 标号过程中，T 标号一直在变，P 标号不再改变，凡是没有标上 P 标号的点，都标上 T 标号。

(3) 算法的每一步把某一点的 T 标号改变为 P 标号，直到所有的 T 标号都改变为 P 标号，即得到从起点 O 到其他各点的最短路权，标号过程结束。

2) 算法步骤

(1) 初始化。给起点 1 标上 P 标号，$P(1) = 0$，其余各点均标上 T 标号，$T_1(j) = \infty$，$j = 2$，3，$\cdots$，n，即表示从起点 1 到 1 的最短路权为 0，到其他各点的最短路权的上限临时定为 ∞。标号中括号内的数字表示节点号，下标表示第几步标号。经过第一步标号，得到一个 P 标号 $P(1) = 0$。

(2) 设经过 $K-1$ 步标号，节点 i 是刚得到 P 标号的点，则对所有没有得到 P 标号的点进行下一步新的标号（第 K 步）。考虑所有节点 i 相邻且没有标上 P 标号的点 $\{j\}$，修改它们的 T 标号：

$$T_k(j) = \min[T(j), P(i) + d_{ij}]$$

式中，d_{ij} 为 i 到 j 的距离（路权）；$T(j)$ 为第 K 步标号前 j 点的 T 标号。

在所有的 T 标号（包括没有被修改的）中，选出最小的 T 标号：

$$T_k(j_0) = \min[T_k(j), T(r)]$$

式中，j_0 为最小 T 标号所对应的节点号；$T(r)$ 为与 i 点不相邻的点 r 的 T 标号。

给点 j_0 标上 P 标号，$P(j_0) = T_k(j_0)$，第 K 步标号结束。

(3) 当所有节点中已经没有 T 标号时，算法结束，得到从起点 1 到其他点的最短路权，否则返回步骤 (2)。

例如，用 Dijkstra 法计算下面问题的最短路径。

(1) 已知图 4.5.1 所示的单行线交通网，每段线旁的数字表示通过这条单行线所需要的费用。现在某辆车要从 V_1 出发，通过这个交通网到 V_8 去，求总费用最小的旅行路线。

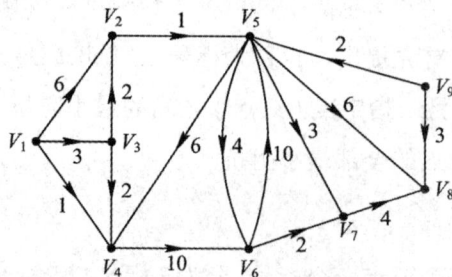

图 4.5.1　单行线交通网络图

(2) 若针对 (1) 的路线如图 4.5.2 所示，试求出从 V_1 到各点的最短路。

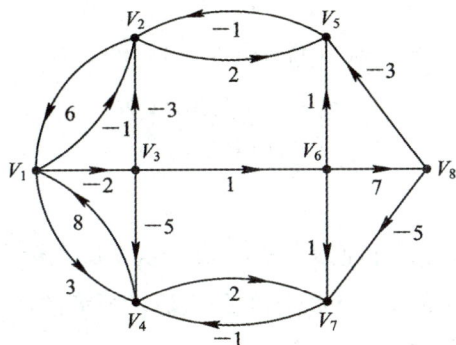

图 4.5.2　单行线交通网总费用最小的旅行路线图

3. 用标号法求道路的最大流量

标号法是指从一个可行流出发 (若网络中没有给定 f, 则可以设 f 是零流) 经过标号过程与调整过程的方法。

1) 标号过程

网络中的点是标号点 (分为已检查标号点和未检查标号点两种) 或者是未标号点。每个标号点的标号包含两部分：第一个部分表明它的标号是从哪一点得到的, 以便找出增广链；第二个部分是为确定增广链的调整量 θ 用的。

标号过程开始时, 先给 V_s 标上 $(0, +\infty)$, 这时 V_s 是标号而未检查的点, 其余点都是未标号点。一般取一个标号而未检查的点 V_i, 对应一切未标号点 V_j:

(1) 若在弧 (V_i, V_j) 上, $f_{ij} < c_{ij}$ 则给 V_j 标号 $(V_i, l(V_j))$。这里 $l(V_j) = \min[l(V_i), c_{ij} - f_{ij}]$ 。这时点 V_j 成为标号而未检查的点。

(2) 若在弧 (V_j, V_i) 上, $f_{ji} > 0$, 则给 V_j 标号 $(-V_i, l(V_j))$, 这里 $l(V_j) = \min[l(V_i), f_{ji}]$, 这时点 V_j 成为标号而未检查的点。

于是 V_i 成为标号而已检查过的点。重复上述步骤, 一旦 V_t 被标上号, 表明得到一条从 V_s 到 V_t 的增广链 μ, 转入调整过程。

若所有标号都是已检查过的点, 而标号过程进行不下去时, 则算法结束, 这时的可行流就是最大流。

2) 调整过程

首先按 V_t 及其他点的第一个标号, 利用反向追踪的办法, 找出增广链 μ。例如设 V_t 的第一个标号为 V_k (或 $-V_k$), 则弧 (V_k, V_t) (或相应的 (V_t, V_k)) 是 μ 上的弧。接下来检查 V_k 的第一个标号, 若为 V_i (或 $-V_i$) 则找出 (V_i, V_k) (或相应的 (V_k, V_i))。再检查 V_i 的第一个标号, 依此检查下去, 直到 V_s 为止。这时被找出的弧就构成了增广链 μ。令调整量 θ 是 $l(V_t)$, 即 V_t 的第二个标号。令

$$f_{ij}' = \begin{cases} f_{ij} + \theta & (V_i, V_j) \in \mu^+ \\ f_{ij} - \theta & (V_i, V_j) \in \mu^- \\ f_{ij} & (V_i, V_j) \notin \mu \end{cases}$$

去掉所有的标号，对新的可行流 $f' = \{f_{ij}'\}$，重新进入标号过程。

用标号法求图 4.5.3 所示的道路网络图的最大流，弧旁的数字是 (c_{ij}, f_{ij})。

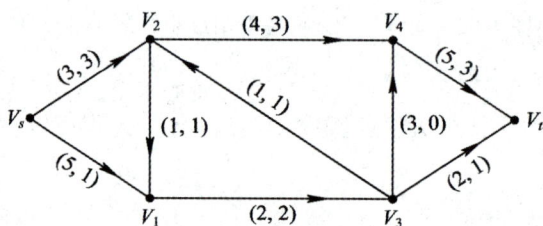

图 4.5.3　交通网络图

4.5.4　实验实训成果

学生按要求提交实训报告一份。

4.6　中间站设计

中间站是铁路运输工作中数量最多、分布最广的车站类型，在保证列车运行安全、提高铁路区段通过能力以及为沿线城乡工农业服务等方面起到了重要作用。要正确组织中间站相关工作，必须熟知中间站设备，并且在行车量、运输量等发生变化时，能够提出合理建议及改进方案。

4.6.1　实验实训目的

(1) 学习中间站的设计理论和方法。

(2) 熟悉设计中的基本运算和有关规定。

(3) 初步训练站场设计比例尺图的绘制，掌握基本的绘图技巧。

(4) 熟悉车站设计工程量计算方法。

4.6.2　实验实训任务

(1) 根据中间站设计理论与方法准确确定各项设备的位置。

(2) 确定钢轨绝缘、信号机、警冲标的相互位置。

(3) 根据示意图进行详细坐标计算。

(4) 画出 1 ∶ 1000 的平面图,并在图上标注(CAD 绘图,交电子版同时交一份 A3 图即可)相关内容。平面图上要求有如下内容:

① 线路、道岔编号,股道有效长,到发线进路,通行超限货物的股道,辙叉号数。

② 信号机、警冲标、道岔中心、连接曲线角顶的坐标。

③ 线间距,站台几何尺寸。

(5) 按照《铁路线路图例符号》中的规定作图。

4.6.3 实验实训内容

1. 给定资料

(1) 某新建单线 II 级干线,在杨林区设中间站杨林站,预留站坪的平、纵断面资料如图 4.6.1 所示(假定资料)。

图 4.6.1 预留站坪的平、纵断面资料

(2) 限制坡度 8‰。

(3) 电力牵引,韶山 III 型机车,正线列车最大通过速度 110 km/h。

(4) 到发线有效长 1050 m。

(5) 正线及站线皆用 50 kg/m 钢轨,车站采用木岔枕。

(6) 每天直通货物列车 30 对,摘挂列车 5 对,旅客列车 8 对;本站货物装卸量较大,且以上行方向为主。

(7) 正线用高柱色灯信号机(基本宽度 380 mm),并有轨道电路。

(8) 本站除正线外,尚需一条到发线通行超限货物列车。

(9) 货物线满足一次可装卸 14 辆车。

(10) 本站为机车乘务员换乘站。

2. 完成要求

请根据上述给定资料,结合所学内容,完成以下内容:

(1) 布置站型及确定各项主要设备。

① 确定站型。

② 确定客运设备。

③ 确定到发线数量及布置位置。

④ 确定货运设备。

⑤ 确定牵出线数量及位置。

⑥ 绘制车站平面布置示意图。

⑦ 确定道岔辙叉号数。

(2) 平面计算。

① 确定设计线间距。

② 货场平面计算。

③ 确定车站出站信号机、警冲标位置。

④ 坐标计算。

⑤ 有效长计算。

(3) 铺轨长度及道岔数量计算。

① 确定铺轨长度。

② 确定道岔数量。

(4) 绘制杨林站车站布置详图。

4.6.4　实验实训成果

(1) 学生按要求设计说明书(电子版一份、纸质版一本)。

(2) 学生按要求绘制杨林站平面布置详图一张。

4.7　区段站设计

区段站多设在中等城市和铁路网上牵引区段(机车交路)的起点或终点,即铁路路网上划分牵引区段的地点。区段站除办理列车运转及客货运业务外,还为邻接区段供应机车。区段站的作业量通常较大,对行车区段乃至路网的畅通都起到了关键作用,因此必须全面认识区段站相关设备及其设置原理,以保证行车安全、提高运输效率。

4.7.1　实验实训目的

(1) 学习区段站站场布置的理论和方法。

(2) 熟悉实训中的基本运算和有关规定。

(3) 进一步巩固所学的有关专业理论知识。

(4) 初步掌握车站的设计、计算、查表、绘图等基本技能。

(5) 培养独立思考、独立工作能力。

4.7.2　实验实训任务

(1) 认真分析原始资料。

(2) 根据区段站布置的理论与方法准确确定各项设备位置并选定原则性配置图。

(3) 注意第三方向 C 衔接位置的确定。

(4) 只考虑正线及到发线钢轨绝缘、信号机、警冲标的相互位置确定。

(5) 咽喉区的设计要保证必要的平行作业。

(6) 到发场及调车场线路分组要合理。

(7) 道岔分组正确。

(8) 按照《铁路线路图例符号》中的规定作图，图纸整洁清晰。

4.7.3　实验实训内容

1. 给定资料

(1) 车站在线路上的位置及衔接方向，如图 4.7.1 所示。

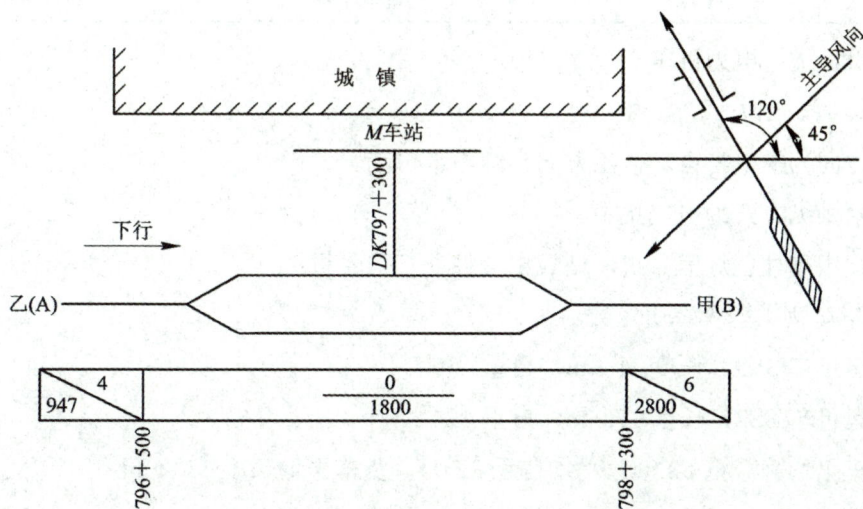

图 4.7.1　车站在线路上的位置及衔接方向

(2) 车站运量如表 4.7.1 所示。

表 4.7.1　车站运量

	A	B	C	本站
A		6 + 25 + 0 + 0	0 + 5 + 0 + 0	1 + 0 + 10 + 5
B	6 + 18 + 0 + 0		3 + 10 + 0 + 0	0 + 0 + 5 + 4
C	0 + 5 + 0 + 0	3 + 17 + 0 + 0		0 + 0 + 2 + 0
本站	1 + 0 + 10 + 5	0 + 0 + 5 + 4	0 + 0 + 2 + 0	

注：客 + 直 + 区段 + 摘挂。

(3) 主要计算条件。

① 单线铁路 I 级干线。

② 衔接各方向的限制坡度。

甲方向：6‰；牵引方式：单机。

乙方向：6‰；牵引方式：单机。

③ 区间最小曲线半径 800 m。

④ 线路上部建筑标准见表 4.7.2 所示。

表 4.7.2　线路上部建筑标准

项　目	正　线	到发线	其他站线
钢轨类型	50 kg/m	50 kg/m	43 kg/m
枕木	钢筋混凝土轨枕 1760 ～ 1600 根 /km	II 类防腐木枕 1760 ～ 1600 根 /km	II 类防腐木枕 1600 根 /km
道碴 (厚)	碎石 0.45 m	碎石 0.25 m	碎石 0.20 m

⑤ 牵引种类：电力机车。

(4) 信、联、闭方式。

① 甲方向为继电半自动，乙方向为继电半自动。

② 道岔操纵方式为电气集中。

③ 正线用高柱色灯信号机，站线用矮柱色灯信号机。

(5) 机车车辆类型及牵引定数。

① 货运机车 SS3，长度 21.1 m，自重 135 t。

② 客运机车 SS2，长度 17.0 m，自重 124 t。

③ 货车平均静载重 58.0 t，平均自重 22.0 t，货车平均长度 13.85 m。

(6) 牵引定数 3600 t。

(7) 到发线有效长 800 m。

(8) 线路平行错移连接 $R = 600$ m。

(9) 各项作业占用咽喉区及到发线时间标准 (min) 见表 4.7.3。

表 4.7.3　各项作业占用咽喉区及到发线时间标准 (min)

技术作业时间 $t_技$				$t_接$		$t_发$	
直通列车	解体列车	自编列车	摘挂列车	客车	货车	客车	货车
35	25	35	40	7	8	5	6

$t_牵$	$t_转$	$t_{待解}$	$t_{待发}$	$t_机$	$t_{取送}$			$t_{出、入机}$
					货场	机务段	车辆段	
12	15	30	30	3	5	6	5	2

2. 完成要求

请根据上述给定资料，结合所学内容，完成以下内容：

(1) 分析原始资料。

(2) 选择车站原则性配置图。

① 车站类型的确定。

② 各项设备相互位置的确定。

③ 第三方向 C 衔接位置的确定。

(3) 确定车站各项设备。

① 货物运转设备的确定。

• 货物列车到发线数量的确定。

• 牵出线数目的确定。

• 调车线数目的确定。

• 机走线、机待线及机车出入段线的确定。

② 客运设备的确定。

• 旅客列车到发线数目的确定。

• 客运其他线路的确定。

• 站台数目、长度、宽度及横越设备的确定。

(4) 咽喉设计。

① 确定每一咽喉区作业项目。

② 根据确定的设备数量绘制咽喉区布置详图。

③ 检查各项必要的平行作业是否得到保证。

④ 车站咽喉长度，到发线有效长和车站全长的计算。

• 确定股道间距。

• 确定道岔辙叉号码及相邻道岔中心距离。

- 确定警冲标、出站信号机的位置。

- 确定个别股道的连接尺寸。

- 计算车站咽喉长度。

- 计算到发线有效长。

- 确定车站的全长。

(5) 绘出 1 ： 1000 的车站平面图。平面图包括以下内容：

① 车站线路编号，道岔编号，股道有效长，到发线进路，超限股道。

② 警冲标、出站信号机及进站信号机的位置。

③ 股道间距，连接曲线半径，站台边距股道的距离，站台长、宽、高，平过道。

④ 站内正线的坡度标、里程标、百米标。

⑤ 指北针及主导风向。

⑥ 两端咽喉最外方道岔的里程。

(6) 车站通过能力的计算。

① 车站咽喉通过能力计算。

- 确定计算的咽喉区。

- 绘制咽喉区道岔分组图。

- 计算各项进路占用咽喉的时间。本实训可采用已知时间标准。

- 计算咽喉道岔组被占用时间。其中每昼夜两台调机各入段 2 次，货场取送车各 6 次，机务段取送车各 2 次，车辆段取送车各 4 次。

② 到发线通过能力计算。采用利用率计算法。

(7) 计算工程数量，即钢轨数量、铺轨长度、道岔数量。

(8) 编写实训说明书。

4.7.4 实验实训成果

(1) 学生按要求编写实训说明书 (电子版一份、纸质版一本)。

(2) 学生按要求绘制区段站平面布置详图 (电子版一份、纸质版一张)。

第五章　综合类实训

5.1　OCC 行车调度控制演练

信号工作站用于车站控制室对列车运行状态、线路状态进行监控，对道岔、进路、信号机等设备进行操作控制。

5.1.1　实验实训目的

本次实验实训中，学生需根据对 OCC 调度系统中车站控制模式的认识，结合列车运行状态和线路状态，适时选择各类控制模式，安全有效地完成列车在线路上运行的全过程。

5.1.2　实验实训内容

1. 实训设备

(1) CBTC 系统教师机：用于设置线路故障 / 状态，进行行车调度。

(2) 车站本地工作站系统：提供微机联锁终端、IBP 盘模拟界面。

(3) 列车控制系统：提供列车驾驶模拟器。

2. CBTC 系统中设备状态的说明

1) 系统正常模式

图 5.1.1 所示的状态说明图中的信号机、道岔、信号编号、道岔编号、区段编号均在正常状态。

2) CBTC 系统控制状态

CBTC 系统控制状态有自排全开和自排全关两种。

(1) 自排全开：整个线路信号系统处于自动控制状态，信号表示及进路设置均由系统自动完成。

(2) 自排全关：整个线路信号系统处于人工控制状态，信号表示及进路设置均由行车调度员或具有站控权限的车站行车值班员控制。

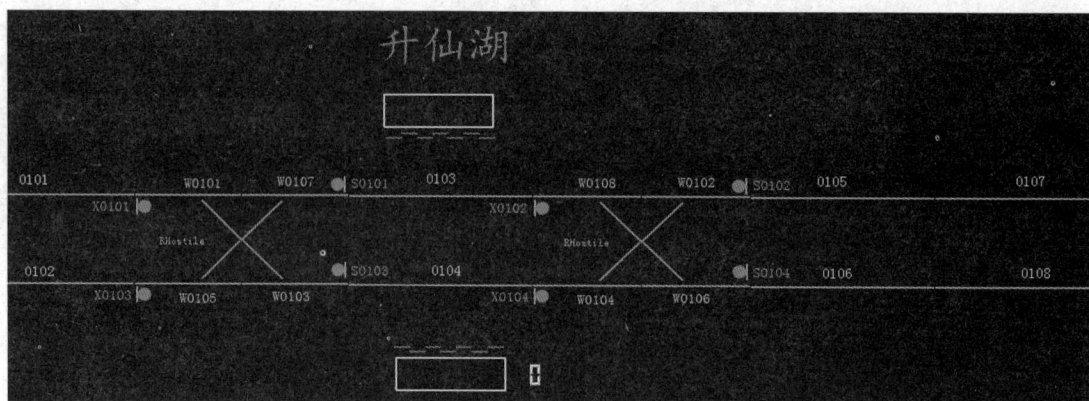

图 5.1.1 CBTC 系统设备状态说明图

要特别注意的是，由于实训系统中每个车站都有该按钮，且都能够控制整个系统的自排全开/全关状态，因此严格禁止学员操作该按钮，如图 5.1.2 所示。

图 5.1.2 所示的状态表示框处于车站线路图的右下角，显示当前系统的各类控制状态设置和设备状态设置，所显示状态包括实训教师设置的各类故障以及相应岗位的处置情况。实训学员应时刻关注该状态栏的状态信息，根据所显示的状态信息，对涉及本站故障的信息进行相应的操作处理。

图 5.1.2 列车进路排列状态

3) 信号机状态表示

图 5.1.3 表示信号机正常，不管车站是否获得站控权限，均处于不可控制状态（即自排全开状态）。图 5.1.4 表示信号机正常，默认状态下由行车调度员控制，在车站获得站控权限，下属车站行车值班员处于可控制状态（即自排全关状态）。

图 5.1.3 信号机排列状态

图 5.1.4 信号机排列状态

图 5.1.5 表示信号机灯丝熔断。在排除灯丝熔断故障后，车站行车值班员在获得站控权限的情况下可通过图 5.1.6 所示的按钮恢复信号机。

图 5.1.5 灯丝熔断状态

图 5.1.6 恢复按钮

图 5.1.7 为正常情况下的进路和信号机状态。当因作业需要，必须保持进路开通但又不允许列车在此刻出发时，可通过图 5.1.8 所示的单关信号按钮暂时关闭信号机，关闭后的状态如图 5.1.9 所示，此时进路始端的信号机表示为红灯。在处理完相关问题后需要发车时，点击图 5.1.10 所示的按钮即可。点击后的状态恢复如图 5.1.11 所示。

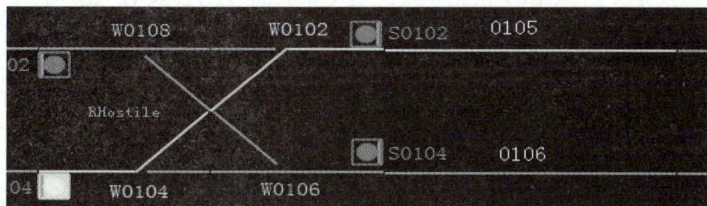

图 5.1.7 进路排列状态

图 5.1.8 信号机按钮

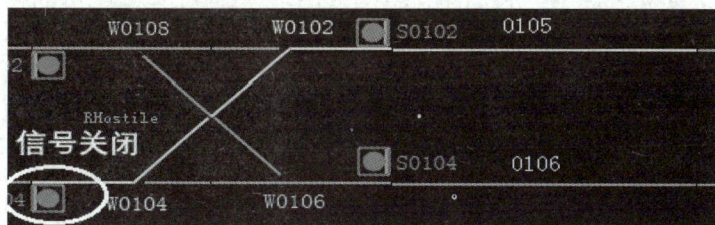

图 5.1.9 进路排列状态

图 5.1.10 信号机按钮

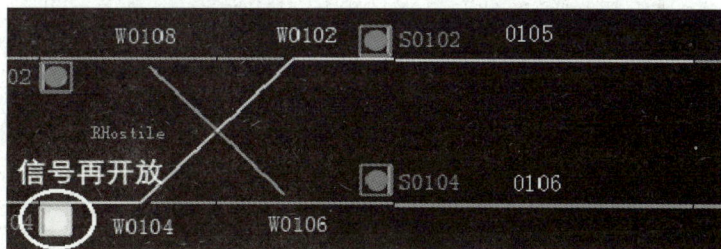

图 5.1.11 信号机按钮

图 5.1.12 表示信号机 S0101 被封锁，不能使用。信号机被封锁，处理完问题后，可通过图 5.1.13 所示的按钮恢复正常。

图 5.1.12 进路排列状态

图 5.1.13 进路排列按钮

4) 线路区段状态

图 5.1.14 中的灰色线条表示封锁区段。在此区段，列车应根据行车调度员的指令 (包括禁止进入该区段、限速进入该区段并随时准备停车、限速通过该区段等) 进行区段行车，行车调度员或获得站控的行车值班员在行车调度员的指令下通过图 5.1.15 所示的按钮进行区段恢复。

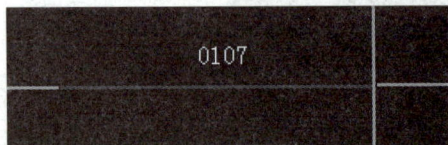

图 5.1.14 线路排列状态

图 5.1.15 线路按钮

图 5.1.16 中的灰色线条表示占用故障。在此状态下，列车应根据行车调度员的指令进行区段行车，行车调度员或获得站控的行车值班员核实了占用故障原因并进行相应处理后，在行车调度员的指令下通过图 5.1.17 所示的按钮进行区段恢复。

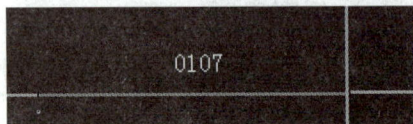

图 5.1.16 线路排列状态

图 5.1.17 线路按钮

图 5.1.18 表示该区段的列车允许最高速度不得超过 45 km/h，司机应根据行车调度员的指令进行行车。在区段需要限速行驶的状况下，由行车调度员在操作终端上进行设置。取消限速时，行车调度员可通过图 5.1.19 所示的按钮进行区段恢复。

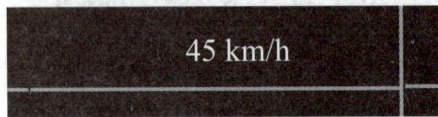

图 5.1.18 线路排列状态

图 5.1.19 线路按钮

3. 岗位分配

根据 CBTC 实训设备、系统构成及演练内容，分配三种岗位，并指定每次实训中每种岗位的学生人数。

(1) 故障 / 状态设置员：1 名 (实训教师)。

(2) 行车调度员：1 名。

(3) 车站值班员：1 ～ 2 名 / 站 (12 个站)。

(4) 列车模拟驾驶员：1 名。

(5) 一组演练所需总人数：1 名指导教师 +14 ～ 26 名学生。

4. 岗位任务说明

1) 故障 / 状态设置员 (实训教师)

故障 / 状态设置员负责在演练过程中发布故障设置命令，发布对象为行车调度员、车站行车值班员、司机。故障 / 状态设置命令见表 5.1.1。

表 5.1.1　故障 / 状态设置命令一览表

编号	区域	故障 / 状态设置命令	场景设置	发布对象
1	线路区间	某区段红光带	红光带无法取消	行车调度员
2		某区段限速	限速 45 km/h	行车调度员
3		某区段封锁	区段行驶列车出现突发状况导致列车故障不能行驶，需要封锁该区段，待列车故障排除后，重新开通本区段	行车调度员 / 司机
4	车站	排列发车进路（在自排全关条件下进行）	列车运行采用非 CBTC 控制，中心处于行车调度监督模式	行车调度员 / 相应车站值班员
5		排列接车进路（在自排全关条件下进行）	列车运行采用非 CBTC 控制，中心处于行车调度监督模式	行车调度员 / 相应车站值班员
6		列车突发故障清客（在具有调车线的车站进行）（在自排全关条件下进行）	列车停站后，突发列车故障且无法排除故障，需要进入该站调车线暂存	行车调度员 / 相应车站值班员 / 司机
7		单独关闭信号（在自排全关条件下进行）	发车进路已开通，信号已开放，但区间突发状况导致不能发车，待问题处理后开放信号发车	行车调度员 / 相应车站值班员 / 司机
8		信号机熄灭（在自排全关条件下进行）	车站信号机灯光突然熄灭	行车调度员 / 相应车站值班员
9		信号机封锁（在自排全关条件下进行）	信号机无法使用	行车调度员 / 相应车站值班员

2) 行车调度员

行车调度员负责在中心级 ATS 终端 (教师机终端) 发布列车开行计划，根据各车站的状况下发车站控制权，根据教师指令进行故障设置并发布行车指令。

3) 车站值班员

车站值班员负责控制车站的联锁终端的站场控制界面，通过观察站场表示信息和操作控制界面，对所辖车站进行接发列车、紧急停车等控制。

4) 列车模拟驾驶员

列车模拟驾驶员负责通过列车模拟驾驶器，模拟驾驶列车在线路上运行，并根据行车调度员的指令执行不同的驾驶模式。

5.1.3　实验实训任务

(1) 对实训班级学生进行分组，根据实训班级学生人数分为 3 ～ 5 组，各组任命组长。

(2) 各组组长就执行的列车开行计划进行抽签。列车开行计划见表 5.1.2。

表 5.1.2　列车开行计划

编号	列车计划开行列 (对) 数	分配到小组编号
1	1	抽签决定
2	2	抽签决定
3	3	抽签决定
4	2	抽签决定
5	1	抽签决定

(3) 列车调度员通过中心级 ATS 系统运行图子系统发送计划 (各组执行的列车开行计划见 (2) 的抽签结果)。

(4) 故障设置员 (实训教师) 根据表 5.1.1 对演练过程进行故障设置。相应岗位按照表 5.1.3 对相应故障进行处置。

表 5.1.3　故障处置一览表

编号	故障设置命令	场景设置	发布对象	对象故障处置动作
1	某区段红光带	红光带无法取消	行车调度员	指示司机摘除 ATP，启用人工驾驶模式并以 25 km/h 的行车速度通过该区段。通过该区段后恢复正常行车
2	某区段限速	限速 45 km/h	行车调度员	对该区段设置限速 45 km/h，指示司机启用 ATP，在监督下采用人工驾驶模式并以 45 km/h 的行车速度通过该区段
3	某区段封锁	区段行驶列车出现突发状况导致列车故障不能行驶，需要封锁该区段，待列车故障排除后，重新开通本区段	行车调度员 / 司机	司机紧急停车，报告行车调度员；行车调度员封锁区间；司机紧急排除故障，故障排除后，报告行车调度员；行车调度员开通区间

续表

编号	故障设置命令	场景设置	发布对象	对象故障处置动作
4	排列发车进路（在自排全关条件下进行）	列车运行采用非CBTC控制，中心处于行车调度监督模式	行车调度员/相应车站行车值班员	行车调度员下放相应车站控制权，车站行车值班员接收控制权，排列发车进路
5	排列接车进路（在自排全关条件下进行）	列车运行采用非CBTC控制，中心处于行车调度监督模式	行车调度员/相应车站值班员	行车调度员下放相应车站控制权，车站行车值班员接收控制权，排列接车进路
6	列车突发故障清客（在具有调车线的车站进行）（在自排全关条件下进行）	列车停站后，突发列车故障且无法排除故障，需要进入该站调车线暂存	行车调度员/相应车站值班员/司机	清客：司机报告行车调度员列车突发故障且无法排除，发布指令，要求司机/车站行车值班员进行清客，在获得车站行车值班员同意清客的指令后，司机打开站台一侧的车门。调车：行车调度员下放车站控制权，行车值班员获取控制权，排列去往调车线的调车进路，司机根据信号灯指示，人工驾驶列车进入调车线暂存
7	单独关闭信号（自排全关条件下进行）	发车进路已开通，信号已开放，但区间突发状况不能发车，待问题处理后开放信号发车	行车调度员/相应车站值班员/司机	行车调度员发现区间突然出现不明红光带，且红光带无法处理，对已开通进路实行信号单关，暂停发车；行车调度员指令车站行车值班员查看现场情况，并下放站控权限。行车值班员处理红光带后，开放信号，正常发车。行车值班员交回控制权
8	信号机熄灭（自排全关条件下进行）	车站信号机灯光突然熄灭	行车调度员/相应车站值班员	行车调度员发现信号机熄灭，下放站控权限给该车站。车站行车值班员排除故障并恢复信号机灯光显示。行车值班员交回控制权
9	信号机封锁（自排全关条件下进行）	信号机无法使用	行车调度员/相应车站值班员	车站行车值班员通过状态表示窗口查询无法使用的信号机的状态，确认该信号机处于封锁状态后，向行车调度员请求站控权限，行车调度员下放站控权限，行车值班员解除信号封锁，排列相关进路。行车值班员交回控制权

5.1.4 实验实训成果

学生按要求完成 OCC 仿真系统操作及实训报告。

5.2　电话闭塞法行车演练

电话闭塞法是列车行车组织中一种常用的、成熟的降级运营模式，是在信号系统联锁功能故障的情况下，为确保行车安全，不间断接发列车采用的一种特定的行车方法，由于电话闭塞法是在联锁功能失效情况下的一种重要替代手段，因此进行电话闭塞法行车演练尤为重要。

5.2.1　实验实训目的

(1) 掌握信号联锁设备故障时的接发列车办法。

(2) 熟悉掌握各种凭证、命令的填写方法及要求。

(3) 熟知信号的显示方式及显示意义。

(4) 熟练掌握电话闭塞法行车接发列车作业流程。

5.2.2　实验实训任务

(1) 分组模拟完成一次电话闭塞法接发列车作业，并提交视频资料。

(2) 将作业过程写入实训报告。

5.2.3　实验实训内容

1. 角色

人员安排：每站设值班站长 1 人、行车值班员 1 人、站务员 3 人、行调 1 人、值班主任 1 人。

2. 非正常情况下接发列车的有关规定

(1) 关于车站报点的规定。

① ATS 能正常监控到列车运行位置时的车站报点规定。

② 联锁计算机故障情况下采用站间电话闭塞法行车时的车站报点规定。

③ ATS 故障时的车站报点规定。

(2) 开放引导信号的规定 (过程)。

(3) 采用站间电话闭塞法行车时接发列车的规定 (过程)。

(4) 列车进路取消的规定。调度集中模式行车时、列车运行进路转为站控时、采用站间电话闭塞法行车时的相关规定。

(5) 手信号的显示方式及显示意义。

3. 电话闭塞法的接发列车作业程序

(1) 电话闭塞启用的条件。

① 当遇到 OCC 中央工作站及车站工作站均无法对一个或多个联锁区内运行的列车进行监控时，应停止使用基本闭塞法，改用电话闭塞法行车。

② 当遇到折返站采用站前折返方式且折返进路上的道岔故障需人工扳动时，应采用电话闭塞法组织折返。

③ 当车辆段 (停车场) 与正线联锁失效或信号接口故障时，应停止使用基本闭塞法，改用电话闭塞法行车。

(2) 电话闭塞法接发列车的组织原则。

① 行车调度员发布停止基本闭塞法，改用电话闭塞法组织行车命令前必须确认电话闭塞区段内全部列车到站停稳，且电话闭塞区段内所有区间空闲。

② 采用电话闭塞法行车时，列车以路票作为占用闭塞区段的凭证，一个闭塞区段内只允许有一辆列车运行。正线闭塞区段内列车采用 NRM(EUM/ATP 切除)(限速 60 km/h) 模式运行，车站与车辆段 (停车场) 间闭塞区段内列车采用 NRM(EUM/ATP 切除)(限速 25 km/h) 模式运行。

③ 当行车调度员发布电话闭塞法组织行车的命令后，相应区域轨行区管理权、行车指挥权、设备控制权交由车站负责，当车站人员进轨行区办理进路、专业人员进轨行区处理故障时，由车站负责把控和具体安排。

(3) 请求闭塞、同意闭塞、取消闭塞的条件。

① 请求闭塞的条件：车站 (车辆段) 在确认闭塞区段空闲和准备好发车进路后，方可请求闭塞。

② 同意闭塞的条件：车站 (车辆段) 在确认闭塞区段空闲和准备好接车进路后，方可同意闭塞请求。

③ 取消闭塞的条件：若闭塞已办理，列车尚未发出，但因作业需要需取消此次闭塞，则由提出取消闭塞的一方给出电话记录号。

(4) 闭塞区段的划分。

① 正线闭塞区段。车站头端、尾端站界标之间为车站站线，站界标以外为区间。在正线上，每一个站间区间加前方站站线为一个闭塞区段。

② 车站与车辆段 (停车场) 闭塞区段。Sr/Sc 或 Xr/Xc 外方线路加车站站线为车站与车辆段 (停车场) 闭塞区段。

(5) 列车定位。列车定位程序如图 5.2.1 所示，故障区段列车定位卡如图 5.2.2 所示。

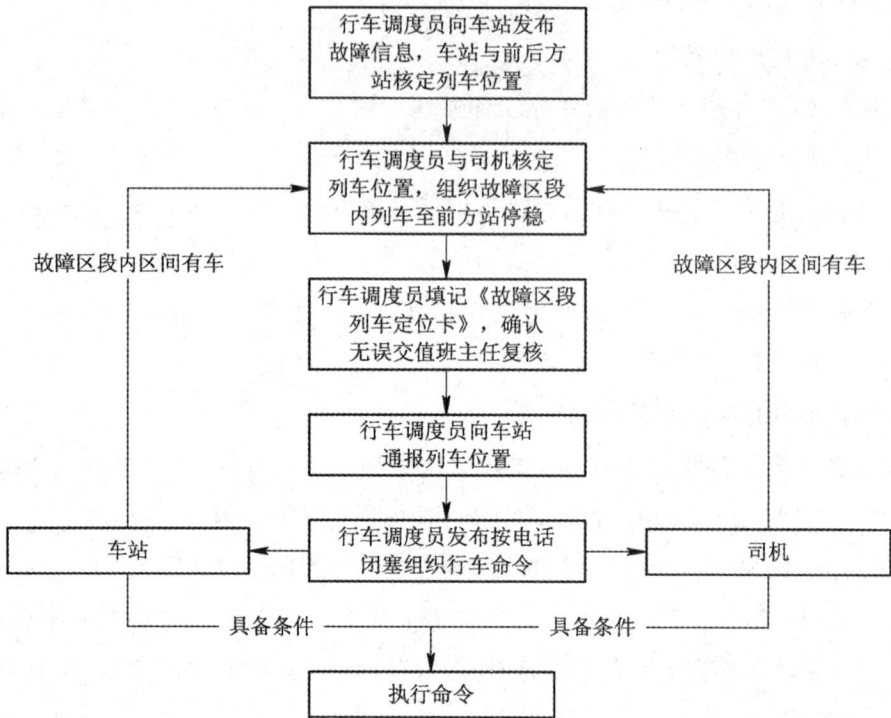

图 5.2.1 列车定位程序示意图

故障区段列车定位卡

图 5.2.2 故障区段列车定位卡

(6) 发布命令。

(7) 启用电话闭塞时车站间作业程序。

(8) 电话记录号及路票使用如表 5.2.1 所示。

表 5.2.1 电话记录号及路票使用

车站	车站编号	电话记录号	车站	车站编号	电话记录号
车辆段	0	0001～0999	省体育馆站	29	29001～2999
升仙湖站	21	21001～21999	倪家桥站	30	30001～30999
火车北站	22	22001～22999	桐梓林站	31	31001～31999
人民北路站	23	23001～23999	火车南站	32	32001～32999
文殊院站	24	24001～24999	高新站	33	33001～33999
骡马市站	25	25001～25999	行政中心站	34	34001～34999
天府广场站	26	26001～26999	孵化园站	35	35001～35999
锦江宾馆站	27	27001～27999	海洋公园站	36	36001～36999
华西坝站	28	28001～28999	世纪城站	37	37001～37999

① 办理电话闭塞时，下列各项应发出电话记录号码，并记入《行车日志》：

• 列车尾部出清站线。

• 同意闭塞。

• 取消闭塞。

② 电话记录号码自每日 0 时起至 24 时止，按日循环编号。

③ 车辆段使用的电话记录号码为四位；车站使用的电话记录号码为五位，其中前二位为车站代号，后三位为序列号。

④ 电话记录号码偶数为上行方向，序列号从 002 开始编号，奇数为下行方向，序列号从 001 开始编号。同意闭塞或取消闭塞时，每给出一个上行或下行方向的号码按增加 2 进行顺编，不得重号使用。

⑤ 路票的管理及使用按行车组织规则执行。

(9) 电话记录号及路票使用。

(10) 进路准备。

(11) 恢复基本闭塞法。

(12) 作业程序及标准用语如表 5.2.2 所示。

表 5.2.2　作业程序及标准用语表

项目	作业程序及标准用语			
	接车站（B 站）	标准用语	发车站（A 站）	标准用语
确认区间空闲	接到行车调度员命令，取得控制权，核对车次		接到行车调度员命令，取得控制权，核对车次	
	行车调度员向车站通报电话闭塞区段列车位置，首列车车站根据行车日志及列车位置判明区间是否空闲，后续列车凭前次列车出清的电话记录号作为确认区间空闲的凭证		行车调度员向车站通报电话闭塞区段列车位置，首列车车站根据行车日志及列车位置判明区间是否空闲，后续列车凭前次列车出清的电话记录号作为确认区间空闲的凭证	
准备进路	准备本站接车进路		准备本站发车进路	
办理闭塞	同意发车站闭塞请求	"×分×秒同意上（下）行×××次闭塞，电话记录号××"	向接车站请求闭塞	"B 站，A 站上（下）行×××次请求闭塞" 复诵："×分×秒同意上（下）行×××次闭塞，电话记录号××"
取消闭塞（由提出一方给电话记录号）	因作业需要，需取消闭塞 记录行车日志	"A 站，上（下）行×××次闭塞取消，电话记录号××"	记录行车日志	复诵"上（下）行×××次闭塞取消，电话记录号××"
接发列车交接路票	列车到站停稳	外勤岗："车控室，上（下）行列车到站停稳" 车控室："上（下）行列车到站停稳，车控室明白"	填写路票，核对无误后，交司机	外勤岗："车控室，现将路票交上（下）行列车司机" 车控室："同意交路票"
	列车到站后，收回路票，核对无误后画"×"作废		在第二个车门处，向司机显示发车信号 向 B 站报出清点	外勤岗："车控室，上（下）行列车已出清" 车控室："上（下）行列车出清，车控室明白"
列车出清报点	向 A 站报出清点，电话记录号	"A 站，上（下）行×××次×分×秒出清，电话记录号××"		复诵"上（下）行×××次×分×秒出清，电话记录号××"

(13) 电话闭塞前的准备作业见表 5.2.3 所示。

表 5.2.3　电话闭塞前的准备作业

程序及项目	岗位作业标准			
	行车调度员	电话闭塞区各站值班站长	电话闭塞区各站行车值班员	司机
发现联锁故障	(1) 扣停受故障影响列车于就近站台,通知全线区间运行列车限速 25 km/h。 (2) 通知全线列车司机和车站:"××时××分,××站至××站准备改用电话闭塞"。 (3) 在具备提前下路轨办理进路的条件时,行车调度员可授权车站下路轨提前办理进路。 (4) 与车站和司机确认联锁故障区列车位置和车次。 (5) 做好行车记录	(1) 接行车值班员汇报后,指定两名胜任人员到车控室向行车值班员汇报。 (2) 有岔站需通知兼职扳道站务员准备下路轨准备进路。 (3) 落实两名列车监控员添乘上行列车。 (4) 联锁站需指定一名胜任人员担任助理值班员,对行车值班员作业进行监督	(1) 通知值班站长故障情况,启用列车占用表示牌。 (2) 向行车调度员报告本站列车占用情况和车次,与行车调度员确认车站前后区间列车占用情况,摆挂好列车占用表示牌,做好行车记录。 (3) 中间有岔站需向行车调度员申请下路轨将与正线连接的道岔使用钩锁器锁定于定位。 (4) 折返站需向行调申请下路轨现场办理进路	制停列车,向行车调度员报列车位置和车次,按行车调度员指示或调度命令动车
改用电话闭塞法行车	(1) 安排故障区迫停于区间的列车限速 25 km/h 运行至前方站停车。 (2) 在与车站和司机确认电话闭塞区列车位置和车次,并保证电话闭塞区列车全部停于车站后发布改用电话闭塞法行车命令		(1) 接受行车调度员改用电话闭塞法行车命令。 (2) 确认发车进路空闲后,向前方站请求闭塞	接收车站转交的调度命令,凭路票进入闭塞区间,按发车信号发车

(14) 电话闭塞法中间站接发车作业过程如表 5.2.4 所示。

表 5.2.4　电话闭塞法中间站接发车作业过程

程序过程		岗位作业过程			
程序	项目	发车站		接车站	
		行车值班员	站务员	行车值班员	站务员
确认区间空闲	确认区间空闲	复诵站务员回报内容,向接车站请求闭塞	检查线路空闲,道岔位置正确后向值班员汇报	(1) 听取发车站发车请求闭塞。 (2) 与站务员确认接车进路空闲。 (3) 复诵值班员汇报内容,确认前次列车从本站出发,区间空闲,接车线路空闲,道岔已锁闭在正确位置	检查线路空闲,道岔位置正确后向行车值班员汇报

续表

程序过程		岗位作业过程			
程序	项目	发车站		接车站	
		行车值班员	站务员	行车值班员	站务员
办理闭塞	办理闭塞手续	(1) 复诵承认发车站闭塞用语。 (2) 得到接车站"正确"回复后，填写行车日志		(1) 承认发车站闭塞。 (2) 回答"正确"	
		(1) 向站务员发布路票内容。 (2) 回答正确	手填路票并复诵		
	发车作业	(1) 复诵发车通知。 (2) 向接车站报点。 (3) 听取复诵无误回答"正确"，摘挂列车占用表示牌。 (4) 向发车站报到发点	(1) 与司机交接路票，先接后交。 (2) 在指定地点向司机显示发车信号。 (3) 目送列车出清站台向行值报点	(1) 列车到站停稳后，司机开车门。 (2) 待停站时间已到，司机关车门。 (3) 司机确认车门屏蔽门关好，且车站显示好了信号，与站务员交接路票。 (4) 司机确认发车信号后上车关司机室门	(1) 复诵发车站报点。 (2) 通知站务员准备上行接车，摘挂列车占用表示牌
接车	接车作业				复诵并摘挂列车占用表示牌

注意：因城市轨道交通系统站间距离短，列车从一个车站运行到另一个车站只需较短时间，所以发车站必须取得接车站承认闭塞的电话记录号码后方可发车。发车站必须确保无论何时在统一区间内，只有一趟列车占用；接车站必须确认接车线路空闲，接车进路准备妥当，方可发出承认闭塞的电话记录号码。在联锁设备正常情况下，在操纵台上办理进路；如果联锁设备失效，则采用人工手摇道岔准备进路，并加装钩锁器。

4. 行车凭证和原始记录登记相关表格

(1) 路票（行车许可证）如图 5.2.3 所示。

(2) 调度命令登记簿格式见表 5.2.5，调度命令见表 5.2.6。

(3) 行车日志见表 5.2.7。

(4) 施工检修作业登记簿见表 5.2.8。

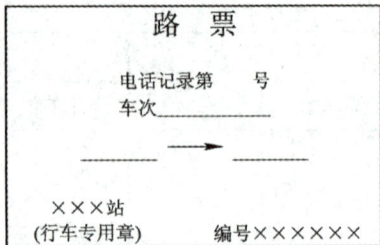

图 5.2.3　路票

表 5.2.5　调度命令登记簿

调度命令登记簿　　　　　　　　　　　　　　年　　月

日期	命　令				复诵人姓名	接受命令人姓名	行调姓名	阅读时刻(签名)
	发令时间	号码	受令处所	内　容				

表 5.2.6 调度命令

调度命令		年　月　日　时　分		
	命令号码		行调姓名	
受令处所	命令内容			

行车专用章＿＿＿＿　　　行车值班员＿＿＿＿

表5.2.7　行车日志

行车日志

年　　月　　日　　天气　　　　　　　　　　　　　　　　　　　行车值班员

列车车次	接车股道	接车								发车						记事
		时分				电话记录号码		请求闭塞	邻站承认闭塞	时分				电话记录号码		
		发车站发车	本站到达		取消闭塞	承认闭塞	取消闭塞			本站出发		到达接车车站	开通区间	邻站承认闭塞	取消闭塞	
		承认闭塞	规定	实际	闭塞	闭塞	闭塞	闭塞	闭塞	规定	实际			闭塞	闭塞	

表 5.2.8 施工检修作业登记簿

施工检修作业登记簿

施工登记			承认施工手续			施工维修终止		备注
年月日 时分	施工或检查维修项目及其影响适用范围	施工负责人姓名	值班站长（信号楼值班员）姓名	时分	施工负责人姓名	值班站长（信号楼值班员）姓名	值班站长（信号楼值班员）姓名	施工负责人姓名

5. 路票填写及电话记录号码的编制

办理电话闭塞时，下列各项应发出电话记录号，并记入行车日志：

- 同意闭塞。
- 取消闭塞。

电话记录号码自每日 0 时起至 24 时止，按日循环编号。

车辆段 / 停车场使用的电话记录号码为四位，其中第一位为车辆段 / 停车场代号，后三位为序列号；车站使用的电话记录号码为五位，其中前两位为车站代号，后三位为序列号。

车辆段 / 停车场代号按上行方向由小到大、先编车辆段后编停车场的原则编制；电话记录号码上行方向为偶数，序列号从 002 开始编号，下行方向为奇数，序列号从 001 开始编号。当同意或取消闭塞时，上行或下行方向的号码按增加 2 进行顺编，不得重号使用。

当发车站与接车站的行车方向不一致时，需在路票接车站站名后注明接车站站线"上 / 下行"。

本实训各车站电话记录号码见表 5.2.9。

表 5.2.9　本实训各车站电话记录号码

车　站	车站编号	电话记录号
车辆段	0	001～099
火车北站	1	101～199
人民北路站	2	201～299

5.2.4　实验实训成果

学生按要求完成实训报告及采用电话闭塞法组织行车作业过程演练。作业评分表见表 5.2.10。

表 5.2.10　作业评分表

小组编号	任务编号	成员配合熟练程度 (ABCDE)	任务程序熟悉程度 (ABCDE)	任务执行错误环节及次数	总评

5.3　人工手摇道岔演练实训

道岔是一种使机车车辆从一股道转入另一股道的线路连接设备，也是轨道的薄弱环节之一，通常在车站、编组站大量铺设。道岔可以充分发挥线路的通过能力，即使是单线铁路，只要铺设道岔，再修筑一段大于列车长度的叉线，就可以对开列车。道岔在铁路线路上有重要作用。

5.3.1　实验实训目的

本次实验实训中，学生要掌握道岔的结构，掌握人工手摇道岔的操作要求及操作流程。

5.3.2　实验实训内容

1. 准备工作

(1) 备品准备：荧光衣、棉纱手套、钩锁器、扳手、手摇把（电动手摇把）、遮断器钥匙、钩锁器锁头及钥匙、端门钥匙、信号灯、钩锁器箱钥匙（轨行区有存放箱）、线路图。

(2) 穿戴防护准备：下线路人员需穿戴好荧光衣、棉纱手套、安全帽。

2. 手摇道岔操作步骤

(1) 看：查看道岔整体结构是否良好，确认道岔当前开通位置，判断道岔开通位置是否正确，是否需要转动，是否已加钩锁器，位置正确时查看尖轨是否密贴，位置错误时需一边摇动一边查看缝隙是否有异物。

(2) 开：打开道岔遮断器板锁，对转辙机断电，断电必须双人确认；如有钩锁器，断电后拆除钩锁器。

(3) 操作：将道岔摇至正确位置，听到落槽声后停止摇动，及时取出手摇把。

(4) 加锁：使用钩锁器在尖轨与基本轨密贴一侧第一连接杆下方指定位置钩锁。

(5) 确认：钩锁完毕后，双人确认道岔开通位置，判断道岔开通位置是否正确，是否在规定位置加锁。

(6) 汇报：每副道岔操作完毕后，向车控室汇报该道岔开通位置及钩锁情况。

人工准备进路流程细化表（两人一组）"单转辙机"见表 5.3.1。人工准备进路流程细化表（三人一组）"双转辙机"见表 5.3.2。

表 5.3.1　人工准备进路流程细化表（两人一组）"单转辙机"

手摇道岔操作步骤	主操员		辅操员	
	作业项目	用语	作业项目	用语
一看	眼看、手指、口呼，查看道岔整体结构、道岔开通位置、尖轨密贴、缝隙异物、是否已加装钩锁器，判断道岔位置是否正确	位置错误：W××道岔，开通定/反位，位置错误，缝隙无异物，已加锁/未加锁 位置正确：W××道岔，开通定/反位，位置正确，尖轨密贴，已加锁/未加锁	眼看、手指、口呼，查看道岔整体结构、道岔开通位置、尖轨密贴、缝隙异物，判断道岔位置是否正确	位置错误：W××道岔，开通定/反位，位置错误 位置正确：W××道岔，开通定/反位，位置正确
二开	将转辙机断电（单机牵引道岔） 双机牵引道岔先对第二牵引点断电，再对第一牵引点断电情况确认	手提遮断器时口呼：已断电	确认断电彻底（单机牵引道岔） 双机牵引道岔先对第一牵引点断电，再对第二牵引点断电情况确认	手提遮断器时口呼：已断电
	已安装钩锁器的，断电后由辅操员拆除钩锁器			
三操作	手摇把摇动方向正确，将道岔摇至正确位置，听到落槽声后停止摇动，及时取出手摇把		准备钩锁器及工具 听到落槽声时与主操员确认落槽声	
	双机牵引道岔，主操员担任第一牵引点操作员，与辅操员同步摇动	口呼：开通××位，向左/右转动 确认复诵正确后口呼：开始	双机牵引道岔，辅操员担任第二牵引点操作员，与主操员同步摇动	复诵：开通××位，向左/右转动
四加锁	收拾备品，检查辅操员加锁是否牢固		用钩锁器在尖轨与基本轨密贴一侧的第一连接杆下方指定位置钩锁道岔，确认钩锁器稳固，加锁锁头	
五确认	确认道岔状态及辅操员口呼信息，发现错误及时纠正	口呼：W××道岔，开通定/反位，开通位置正确，尖轨密贴，已加锁	查看道岔钩锁后开通位置、尖轨密贴，判断道岔位置是否正确，是否在规定位置加锁	口呼：W××道岔，开通定/反位，开通位置正确，尖轨密贴，已加锁
六汇报	由值班站长向车控室汇报该道岔位置及加锁情况："车控室，××道岔开通定/反位，已加锁。" 无故障道岔由行值向值站通报开通位置及锁闭情况。标准用语："值站，××道岔已单锁在定/反位。" 故障道岔钩锁完毕后，值班站长对钩锁道岔/整条进路（以行调发令为准）按由远至近或由近至远的原则进行瞭望，发现错误及时纠正。 确认工器具、人员出清后，值班站长汇报进路准备完毕。标准用语："××，××线至××线进路已准备好，工器具出清，人员已到安全位置。"			

表 5.3.2　人工准备进路流程细化表（三人一组）"双转辙机"

手摇道岔操作步骤	主操员		辅操员		协助员
	作业项目	用语	作业项目	用语	作业项目
一看	眼看、手指、口呼，查看道岔整体结构、道岔开通位置、尖轨密贴、缝隙异物，判断道岔位置是否正确	位置错误：W×× 道岔，开通定 / 反位，位置错误，缝隙无异物，已加锁 / 未加锁 位置正确：W×× 道岔，开通定 / 反位，位置正确，尖轨密贴，已加锁 / 未加锁	眼看、手指、口呼，查看道岔整体结构、道岔开通位置、尖轨密贴、缝隙异物，判断道岔位置是否正确	位置错误：W×× 道岔，开通定 / 反位，位置错误 位置正确：W×× 道岔，开通定 / 反位，位置正确	双机牵引道岔，打开手摇把盖孔，摆放手摇把
二开	双机牵引道岔先对第二牵引点断电，再对第一牵引点断电情况确认	手提遮断器时口呼：已断电	双机牵引道岔先对第一牵引点断电，再对第二牵引点断电情况确认	手提遮断器时口呼：已断电	
	已安装钩锁器的，断电后由辅操员拆除钩锁器				
三操作	双机牵引道岔，主操员担任第一牵引点操作员，与辅操员同步摇动	口呼：开通 ×× 位，向左 / 右转动。确认复诵正确后口呼：开始	双机牵引道岔，辅操员担任第二牵引点操作员，与主操员同步摇动	复诵：开通 ×× 位，向左 / 右转动	打开钩锁器箱，摆放钩锁器及工具
	手摇把摇动方向正确，将道岔摇至正确位置，听到落槽声后停止摇动，及时取出手摇把		手摇把摇动方向正确，将道岔摇至正确位置，听到落槽声后停止摇动，及时取出手摇把		
四加锁	收拾备品，检查辅操员加锁是否牢固		用钩锁器在尖轨与基本轨密贴一侧的第一连接杆下方指定位置钩锁道岔，确认钩锁器稳固，加锁锁头		收拾备品，前往下一副需要操作的道岔，打开手摇把盖孔、摆放钩锁器等准备工作
五确认	确认道岔状态及辅操员口呼信息，发现错误及时纠正	口呼：WXX 道岔，开通定 / 反位，开通位置正确，尖轨密贴，已加锁	查看道岔钩锁后开通位置、尖轨密贴，判断道岔位置是否正确，是否在规定位置加锁	口呼：WXX 道岔，开通定 / 反位，开通位置正确，尖轨密贴，已加锁	

续表

手摇道岔操作步骤	主操员		辅操员		协助员
	作业项目	用语	作业项目	用语	作业项目
六汇报	由值班站长向车控室汇报该道岔位置及加锁情况:"车控室,××道岔开通定/反位,已加锁。" 无故障道岔由行值向值班站长通报开通位置及锁闭情况。标准用语:"值站,××道岔已单锁在定/反位。" 故障道岔钩锁完毕后,值班站长对钩锁道岔/整条进路(以行调发令为准)按由远至近或由近至远的原则进行瞭望,发现错误及时纠正。 确认工器具、人员出清后,值班站长汇报进路准备完毕。标准用语:"××,××线至××线进路已准备好,工器具出清,人员已到安全位置。"				准备工作完毕后,主、辅操未到达前,在安全区域待令

5.3.3　实验实训任务

(1) 熟悉手摇道岔步骤。

(2) 熟悉并运用手摇道岔标准用语。

(3) 分组分角色完成手摇道岔的作业过程演练。

5.3.4　实验实训成果

学生按要求完成人工手摇道岔作业过程演练。作业评分表见表5.3.3。

表 5.3.3　作业评分表

组号	学号	姓名	要点随机考查	单转撤机	双转撤机	主操员、辅操员、协助岗随机考查	得分

5.4　票务应急处理实验实训

城市轨道交通相关票务人员应掌握自动售检票系统正常模式和降级处理模式两种运行状态;能够根据自动售检票设备大面积故障票务现场处置方案,进行自动售检票机、半自动售票机、自动检票机发生故障及自动售检票系统终端设备同时发生故障的应急票务处理，能够按照处理要求采取相应行动。

5.4.1 实验实训目的

根据城市轨道交通车站票务组织的需要，当车站在运营过程中出现售票类设备、检票类设备以及降级运营模式等票务应急情况的处理办法。

5.4.2 实验实训任务

通过理论学习车站运营模式的种类、掌握售票类、检票类设备故障时的票务处理办法、掌握降级运营模式下的票务应急处理方法、掌握票务应急情况下的报表填写要求。

5.4.3 实验实训内容

轨道交通系统运营模式有正常模式、降级模式和紧急模式三种。模式执行优先权由高到低依次为紧急放行模式、降级运营模式、正常运营模式。

一般情况下，自动售检票设备都是在正常运营模式下运行。

当在正常运营过程中出现 AFC 终端设备故障或能力不足，出现其他系统设备故障、火灾等紧急情况，以及出现列车延误、清客、越站等特殊情况时，车站各岗位人员要在值班站长的全面指挥下，完成车站的票务运作。降级模式可通过中央计算机设置，也可以通过车站计算机系统将车站终端设备设置为相应的降级模式，做好相关记录，以车站计算机优先。

站务人员要完成特殊情况下的票务工作，必须掌握售票类设备故障、检票类设备故障以及降级运营模式下的票务应急处理办法。

5.4.4 实验实训成果

(1) 简述车站运营模式的种类。

(2) 简述降级运营模式的几种类型及设置时机。

(3) 通过网络、资料或者现场调研实际的车站现状，模拟售票类设备故障或检票类设备故障的票务应急情景，写出处理流程并分析其可行性。

5.5 车站火灾应急处理实验实训

地铁车站火灾事故的发生不但会造成大量的人员伤亡，而且还会造成城市大面积交通堵塞，因此掌握地铁火灾事故的应急处理方法有着重要的现实意义。

5.5.1 实验实训目的

(1) 了解各种消防疏散标志及防火分区的作用。

(2) 掌握各种常用灭火器的操作及适用范围。

(3) 掌握 FAS 系统的组成和火灾联动逻辑。

(4) 掌握车站火灾的应急处理办法。

5.5.2 实验实训内容

1. 防火分区

按照防止火灾向防火分区以外扩大蔓延的功能，防火分区可分为两类：一是竖向防火分区，用以防止多层或高层建筑物层与层之间竖向火灾蔓延；二是水平防火分区，用以防止火灾在水平方向扩大蔓延。

2. 消防标志

总结以往的火灾事故，往往是在发生火灾初期，人们看不到消防标志、找不到消防设施，不能采取正确的疏散和灭火措施，以致造成大量人员伤亡。因此，消防标志不但是消防救援人员处理火险时的好帮手，也是群众在火灾危急关头的救命符。绿色的发光疏散指示标志设置在疏散走道和主要疏散路线的地面或靠近地面的墙上。

3. 灭火器

常见灭火器可分为干粉灭火器、二氧化碳灭火器、泡沫灭火器、清水灭火器等。干粉灭火器适用于易燃、可燃液体、气体及带电设备的初起火灾 (ABC 类火灾)，干粉灭火器药剂的主要成分是碳酸氢钠，即小苏打和磷酸氢二铵。二氧化碳手提式灭火器结构简单、操作灵活、使用方便，具有灭火速度快、效率高，可连续或间歇喷射等优点；适用于扑救油类、易燃液体、固体有机物、气体和电气设备的初起火灾。泡沫灭火器主要适用于扑救各种油类火灾、木材、纤维、橡胶等固体可燃物火灾，不可用于易燃液体火灾、带电类火灾。清水灭火器采用清水作灭火药剂，加入一定量的添加剂，可扑灭纸张、木材、纺织品等引起的 A 类火灾。

灭火器的使用步骤和方法：

(1) 摇：防止灭火器内灭火剂凝固，影响灭火效果。

(2) 拔：拔出保险栓。

(3) 瞄：瞄准火焰根部。

(4) 压：压下灭火器。

(5) 扫：左右扫射。

4. FAS 系统

FAS 系统的组成包括火灾报警触发器件、火灾报警控制器、报警装置和底层救灾设备。

5. 火灾联动逻辑

公共区同一防火分区一个探头报警，设备不联动；两个探头报警，设备直接联动。无论是一个探头报警还是两个探头报警，站务人员均需要去现场察看确认火灾情况，视具体情况具体处置。

5.5.3　实验实训任务

(1) 每位同学根据指导书的资料，掌握各种常用灭火器的操作及适用范围、掌握 FAS 系统的组成和联动逻辑、掌握车站火灾的应急处理办法。

(2) 每位同学根据指导书实训内容，完成实验实训报告。

5.5.4　实验实训成果

学生按要求完成实训报告。

5.6　站台门故障处理实验实训

地铁是人们出行的主要交通工具之一，起着越来越重要的作用。地铁的优势是快捷、环保、运量大且不堵车。地铁屏蔽门是地铁安全运营的保障措施之一，作用非同小可。因此我们必须掌握屏蔽门故障的处理方式，保证地铁的安全快速运营。

5.6.1　实验实训目的

(1) 了解站台门常见的故障类型。

(2) 了解站台门系统和信号系统的接口关系。

(3) 掌握站台门的操作优先级及其控制范围。

(4) 掌握站台门故障的应急处理办法。

5.6.2　实验实训内容

站台门设置在站台边缘，由滑动门、固定门、应急门、端门组成连续屏障，将乘客候车区与列车运行区相互隔离，其中滑动门与列车门相对应、可多级控制开启与关闭。站台门有全高、半高和密闭、非密闭之分，是屏蔽门和安全门的统称。滑动门的编号原则为同电客车运行方向，头端第一道滑动门编号为 1# 滑动门，依次顺序编号。

站台门操作按优先级从高到低分别为系统级操作、站台级操作、就地级操作。分别对应 CBTC 模式下屏蔽门与车门的联动、PSL 盘操作、IBP 盘操作、LCB 盘操作、方形钥匙。

1. 站台门故障处理原则

站台门故障处理原则为：

(1) 确保安全，先通后复。

(2) 非影响行车类故障，运营结束后进行维修。

(3) 站台门的故障分类有：

① 滑动门不能开启或关闭故障。

② 夹人、夹物故障。

③ 应急门显示开启故障。

④ 信号系统未收到所有门"关闭且锁紧"信号故障。

⑤ 门体玻璃破裂或破碎故障。

2. 部分故障的处理方法

(1) 单道滑动门不能关闭故障的处理。站务员呼叫车控室："车控室 (×× 方向司机)，×× 方向 ×× 号屏蔽门故障不能关闭。"站务人员操作故障门 LCB 至"关门"位，关闭该故障门。站务人员呼叫司机："×× 方向司机请接受好了信号"，并向司机显示"好了"信号。次趟电客车进站，开启整侧其余滑动门时，站务人员操作故障滑动门 LCB 至"开门"位。乘客上下车完毕，关闭整侧其余滑动门时，站务人员操作故障滑动门 LCB 至"关门"位。故障滑动门关闭到位后，站务人员操作故障滑动门 LCB 至"自动"位，观察故障滑动门门头指示灯熄灭则完成操作。

(2) 整侧屏蔽门不能关闭故障的处理。站务员呼叫车控室："车控室，×× 方向整侧屏蔽门故障不能关闭"。司机操作头端 PSL 盘关闭整侧滑动门。若无效，司机复位并取出 PSL 盘操作钥匙，向行调、站务员报告故障情况。站务人员到达头端操作 PSL 盘"互锁解除"到"开"位，并保持至应急处理结束。司机凭站务人员发送的"好了"信号和行调指令动车。电客车出清后，根据客流情况必须开启的故障门 (应保证每节车厢至少有一道滑动门可正常上下客)，站务人员操作 LCB 到"开门"位。操作其他未关闭故障门 LCB 到"关门"位。在故障门 (关闭的滑动门) 上张贴警示标识。车站安排相应人员值守故障门，做好乘客引导及站台安全防护。

5.6.3 实验实训任务

(1) 每位同学根据指导书的资料，掌握站台门的基本结构和分类、掌握站台门各种故障及影响、掌握故障具体处置方法。

(2) 每位同学根据指导书实训内容，完成实验实训报告。

5.6.4　实验实训任成果

学生根据要求完成实训报告。

▨ 5.7　大客流组织应急演练

天气变化、地面交通堵塞或者中断、交通管制、大型活动以及重大节假日等，均有可能诱发地铁车站内的大客流。大客流一般分为可预见性大客流和不可预见性大客流两种。一旦突发大客流冲击，就可能造成乘客滞留车站，甚至造成乘客拥挤踩踏、人员伤害的事件。为了提高车站各岗位员工的应急处置能力，在日常工作中，应定期组织车站人员开展大客流演练，总结演练中发现的问题，制定整改措施。

5.7.1　实验实训目的

本次实验实训的目的是提高学生对站内大客流的应急处置能力，对车站客流流线布置原则和布置情况有一个全面认知，能按要求绘制流线综合设计图。通过此次实训，学生要在城市轨道交通车站大客流应急处理和客流流线布置的基础上得到提升，为客流组织优化打好基础。

5.7.2　实验实训任务

本次实验实训的任务是通过理论学习掌握大客流的基本概念、产生原因、组织原则和客流优化理论，熟悉地面出入口、站厅层和站台层流线相关设计原则，熟悉站厅各功能区域的布置要求，熟悉大客流应急处置流程，熟悉站台的流线布置要求，结合车站实际情况收集相关资料，对车站的流线进行优化。

5.7.3　实验实训内容

大客流是指车站在某一时段内集中到达的客流量超过车站正常客运设施或客运组织措施所能承担的客流。

1. 大客流的分类

(1) 根据大客流产生的影响和后果不同，可分为一级大客流和二级大客流。

① 一级大客流。站台聚集人数达到或大于站台有效区域的 80%，并且持续时间大于实际行车时间间隔。这种情况会给乘客及轨道交通运营安全造成影响，存在明显的安全

隐患。

② 二级大客流。站台聚集人数达到站台有效区域的 70%，并有持续不断上升的趋势。

(2) 按照客流的时效性，分为可预见性大客流、早晚高峰客流、节假日大客流、大型集会客流等。

2. 车站大客流组织原则

(1) 坚持"由下至上、由内至外"的客流控制原则。以车站出入口、进站闸机、站厅与站台的楼梯、电扶梯处为重点，控制进站客流，组织乘客上车。

(2) 坚持点控和线控的原则。控制指挥中心负责地铁全线的客流控制，车站站长或值班站长负责本站的客流控制。

(3) 坚持集中领导、统一指挥的原则。车站在实施三级客流控制之前，须向行车调度员报告。

5.7.4　实验实训成果

(1) 简述大客流产生的原因。

(2) 简述大客流的组织原则。

(3) 简述大客流应急处置程序。

(4) 通过网络、资料或者现场调研实际的车站现状，绘制车站出入口客流流线示意图，站厅层客流流线示意图，站台层客流流线示意图，并对该车站的客流情况及特征进行分析。

5.8　交通规划重点问题分析与计算

交通规划是国家和地区中长期科技规划重点内容，是解决交通问题的重要措施之一，交通规划具体内容包括组织准备、交通调查、现状评判、社会经济预测、交通需求预测、路网布局规划、路网方案设计、方案评价等，其综合性非常强。其中，现状问题诊断、社会经济预测、交通需求预测、路网设计是交通规划的重点和难点，也是道路交通综合类课程实训的主要内容。

5.8.1　实验实训目的

(1) 会根据某市历史交通调查数据进行实际问题分析和整理。

(2) 会根据历史调查数据进行交通状况评价并对当前的交通问题进行分析。

(3) 会利用趋势外推和回归分析两类方法分别对人口和经济进行预测。

(4) 会利用人均生成率法进行交通发生预测。

(5) 会利用增长率法和重力模型法进行交通分布预测，会利用画图软件进行期望线绘制。

(6) 会利用类比法进行出行方式划分的定性判断。

(7) 会利用多路径概率分配方法进行交通分配预测。

5.8.2　实验实训内容

1. 现状交通问题分析评判

(1) 请根据表 5.8.1 ～表 5.8.3 中的数据，结合某市的城市布局和发展现状，对某市 2000 年的出行方式特点进行评判 (不少于 300 字)。

表 5.8.1　2000 年某市居民出行方式构成

出行方式	步　行	自行车	助力车	公交车	出租车	轻骑摩托	私家车
出行比例	31.17%	25.82%	0.40%	18.59%	2.44%	8.59%	3.89%
出行方式	单位小车	单位大车	其他	合计			
出行比例	5.12%	3.52%	0.44%	100%			

表 5.8.2　各种客运交通方式特点分析

出行方式	运行速度	出行距离范围	出行时间范围
步行	4.3 km/h	≤ 1 km	≤ 14 min
自行车	12 km/h	≤ 4 km	≤ 30 min
常规公交	10 ～ 20 km/h	≥ 4 km	≥ 30 min
轨道交通	20 ～ 49 km/h		
小汽车	40 ～ 60 km/h		

表 5.8.3　某市各出行方式的平均出行时耗

出行方式	步行	自行车	助力车	公交车	出租车	轻骑摩托	私家车	单位小车	单位大车	其他
平均耗时 / 分	17.22	20.97	21.92	33.48	24.17	12.81	27.94	25.9	29.52	32.32

(2) 根据自己的观察，结合图 5.8.1 某市交通大区划分示意图，参考相关资料，谈一下某市路网系统的特点以及存在的主要问题。(不少于 500 字)

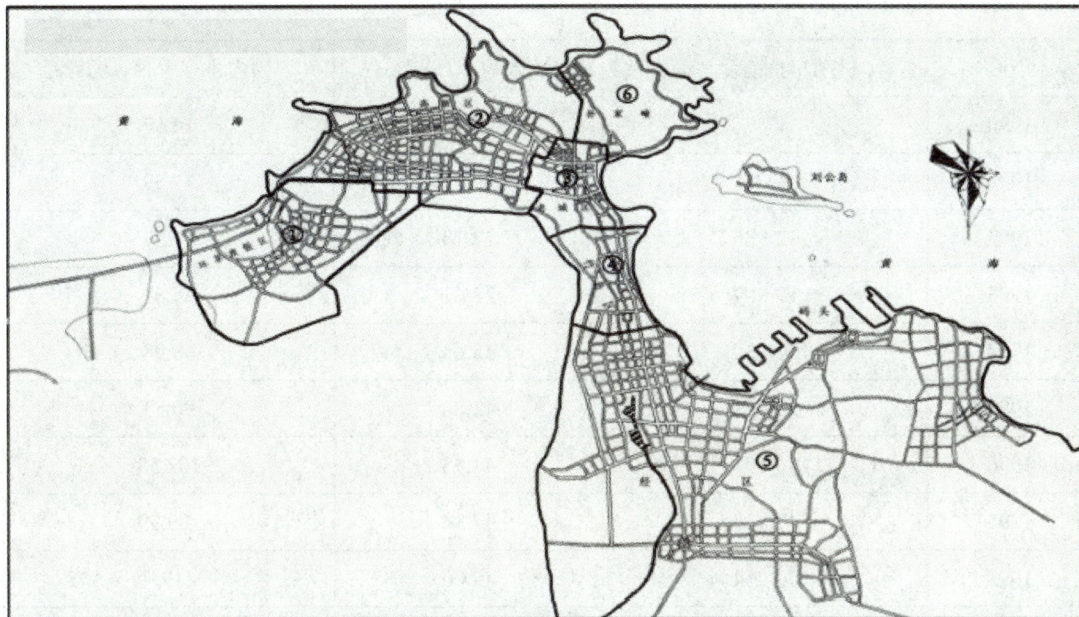

图 5.8.1　某市交通大区划分示意图

(3) 根据自己的切身体会，选取某市交通的某一个方面，阐述自己的看法。要求观点独到、新颖 (不少于 300 字)。

2. 社会经济与人口预测

(1) 根据表 5.8.4 给出的某市历史机动车拥有量，分别采用生长理论曲线和指数平滑模型，预测某市 2005 年和 2010 年的机动车拥有数量，模型参数结合某市实际情况选取。

表 5.8.4　某市历史机动车拥有量

年份	1987 年	1988 年	1989 年	1990 年	1991 年	1992 年	1993 年
拥有量 / 辆	1701	3245	3856	5715	8235	12 986	19 007
年份	1994 年	1995 年	1996 年	1997 年	1998 年	1999 年	2000 年
拥有量 / 辆	24 284	33 053	40 691	47 865	54 464	64 317	72 290

(2) 根据表 5.8.5 给出的历史年份机动车拥有量与社会人口经济数据，采用回归方法计算 2005 年和 2010 年的机动车拥有量。

表 5.8.5　某市历史机动车拥有量与社会人口经济数量表

年份	机动车拥有量 / 辆	人口 / 万人	国内生产总值 / 亿元
1987	1701	22.97	6.24
1988	3245	23.82	9.37
1989	3856	24.74	10.84

年份	机动车拥有量/辆	人口/万人	国内生产总值/亿元
1990	5715	25.44	14.57
1991	8235	26.13	17.59
1992	12 986	27.18	27.37
1993	19 007	28.61	44.87
1994	24 284	35.66	68.98
1995	33 053	42.86	90.53
1996	40 691	44.98	102.58
1997	47 865	47.34	109.99
1998	54 464	49.06	119.9
1999	64 317	50.75	126.42
2000	72 290	52.96	157.33
2005		62.89	264.70
2010		72.82	397.92

3. 交通发生预测

根据某市各交通大区目标年份的人口总量和职业人口构成，结合不同职业居民平均日出行次数，预测 2005 年和 2010 年各交通区出行量。表 5.8.6 ~ 表 5.8.9 为人口调查数据。

表 5.8.6　某市各交通区目标年份的常住人口数量

大区名称	人口/万人	
	2005 年	2010 年
旅游度假区	3.2	4.80
高新技术开发区	9.07	10.1
老城区	9.49	8.34
竹岛	4.69	5.45
经济开发区	10.21	15.00
孙家疃	1.89	3.00
总计	38.55	46.69

表5.8.7 某市各交通区目标年份的流动人口数量

大区名称	人口/万人	
	2005年	2010年
旅游度假区	0.99	2.06
高新技术开发区	2.83	4.33
老城区	2.95	3.57
竹岛	1.45	2.33
经济开发区	3.18	6.43
孙家疃	0.59	1.29
总计	11.99	20.01

表5.8.8 某市常住人口职业平均构成比例

职业	小学生	中学生	大学生	工人	服务员	职员	个体	家务	其他	合计
比例/%	7.95	9.53	1.62	27.56	2.43	20.07	10.52	10.59	9.73	100

表5.8.9 某市目标年份人均出行次数

出行职业	小学生	中学生	大学生	工人	服务员	职员	个体	家务	其他	流动
人均出行次数 [次/(日·人)]	3.23	2.92	2.72	3.03	2.93	3.61	3.15	2.88	3.16	2.72

4. 交通分布预测

(1) 根据基准年份的全方式居民出行矩阵和目标年份的出行产生和吸引量,采用增长系数法预测2005年和2010年的居民出行分布矩阵,并做出期望线示意图。某市基准年(2000年)居民全方式出行OD矩阵见表5.8.10,规划年各交通大区居民全天出行发生量和吸引量见表5.8.11。

表5.8.10 某市基准年(2000年)居民全方式出行OD矩阵 人次/日

大区名称	旅游度假区	高新技术开发区	老城区	竹岛	经济开发区	孙家疃	总计
旅游度假区	31 504	7036	6076	854	857	405	46 732
高新技术开发区	4561	134 542	38 266	5135	5010	2388	189 902
老城区	3687	50 613	311 689	29 840	24 686	15 688	436 203
竹岛	988	7821	33 375	33 251	14 433	1500	91 368
经济开发区	1133	8196	28 086	14 194	271 489	1445	324 543
孙家疃	273	2676	10 854	965	1075	10 554	26 397
总计	42 146	210 884	428 346	84 239	317 550	31 980	1 115 145

表 5.8.11　规划年各交通大区居民全天出行发生量和吸引量

大区名称	交通产生量/(人次/日)		交通吸引量/(人次/日)	
	2005 年	2010 年	2005 年	2010 年
旅游度假区	127 728	207 232	107 330	137 287
高新技术开发区	362 681	435 926	342 866	459 694
老城区	379 175	359 814	453 988	508 014
竹岛	187 175	235 051	115 742	179 786
经济开发区	408 111	647 396	468 546	648 870
孙家疃	75 583	129 588	51 978	81 356
总计	1 540 453	2 015 007	1 540 453	2 015 007

(2) 根据表 5.8.10～表 5.8.12，请采用重力模型法标定重力模型参数，预测 2005 和 2010 年的居民出行矩阵，并做出期望线示意图。

表 5.8.12　交通大区距离矩阵　　　　　　　　km

大区名称	旅游度假区	高新技术开发区	老城区	竹岛	经济开发区	孙家疃
旅游度假区	0.00	9.36	11.89	16.00	27.25	20.41
高新技术开发区	9.36	0.00	10.72	14.83	26.08	19.24
老城区	11.89	10.72	0.00	4.11	15.36	8.52
竹岛	16.00	14.83	4.11	0.00	11.25	11.34
经济开发区	27.25	26.08	15.36	11.25	0.00	22.59
孙家疃	20.41	19.24	8.52	11.34	22.59	0.00

5. 方式划分预测

(1) 表 5.8.13 给出了我国部分城市的居民出行交通方式比例构成，通过对比分析，结合影响交通出行方式选择的因素，综合考虑某市的发展趋势，采用类比和定性分析的方法，确定某市 2010 年的交通比例构成，并简要说明理由（不少于 300 字）。

表 5.8.13　我国部分城市居民出行方式比例构成 (%)

城市	步行	自行车	公交车	摩托车	单位客车	出租车	统计年份
某市	31.17	25.82	18.59	8.59	8.64	2.44	2001
苏州市	27.72	41.79	6.44	6.7	2.9	0.68	2000
	18.80	63.72	4.30	5.45	1.52	1.42	1996
北京市	13.76	54.04	24.34	—			1986
上海市	38.21	34.18	24.03	0.18	2.21	0.15	1986
天津市	42.62	44.54	10.33	—			1981
	28.01	60.47	4.06	2.0	3.06		1993
广州市	39.1	34.05	19.37	0.37	4.56	0.27	1984
	41.92	21.47	17.49	10.35	5.05	0.72	1998
青岛市	47.03	17.92	21.9	0.78	9.33	1.00	1993
济南市	23.28	63.80	6.99	0.8	3.94	0.03	1988
成都市	36.09	54.57	5.8				1987
福州市	25.4	60.92	2.4	4.29	1.51	0.29	1993
南京市	24.45	57.91	8.19	2.16	4.51	0.92	1997
	23.57	40.95	20.95	5.24	5.68	1.71	1999
无锡市	13.78	58.84	5.25	15.77	3.74	0.87	1997
镇江市	34.11	58.11	3.63	0.72	3.15	0.16	1993
南宁市	22.8	58.9	2.2	6.2	3.0	1.2	1992
中山市	25.77	33.02	3.55	24.62	6.56	1.0	1995

(2) 根据上面某市交通方式划分的结果，将交通分布中的居民出行 OD 矩阵转化为交通工具出行 OD 矩阵。

(3) 假设高峰小时流量比系数为 0.12，请将 (2) 的日交通工具 OD 矩阵转化为高峰小时交通工具 OD 矩阵。

6. 交通分配

根据方式划分中求出的 2010 年非公交机动车高峰小时的 OD 分布矩阵，结合各个交通区之间的实际距离阻抗，采用概率分配模型，在下面主干道网络上进行分配，如图 5.8.2 某市交通区及主干道示意图所示，写出计算过程，并画出道路流量示意图。时间充裕的同学，可与交通软件分配的结果进行对照。

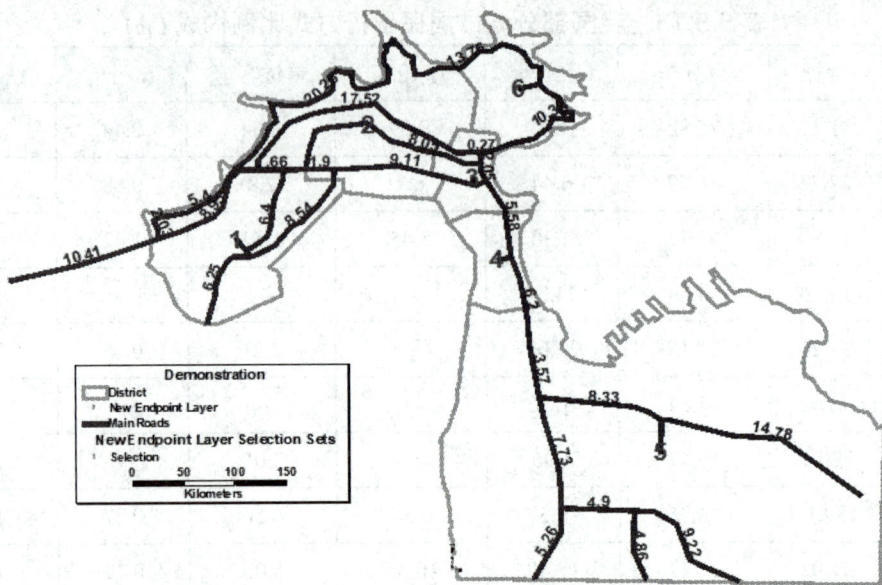

图 5.8.2　某市交通区及主干道示意图

7. 总结

学生按要求完成交通规划课程设计体会。(不少于 500 字)

5.8.3　实验实训成果

学生按要求提交实验实训报告一份。

5.9　接发列车岗位技能训练

接发列车工作是车站行车工作的基本内容。不间断地接发列车、严格按运行图行车是车站的基本任务之一,也是列车运行安全正点的重要保证,是车站值班员等岗位的重要职责,为保证车站接发列车的安全,接发列车必须按规定的程序办理。在正常的情况下接发一个列车要经过五项作业程序,依次为办理闭塞、准备接发列车进路,开放进出站信号或交付凭证、接送列车和指示发车、办理区间开通手续。

5.9.1　实验实训目的

(1) 熟悉接发列车作业过程及交接班流程。

(2) 掌握接发列车作业标准。

5.9.2　实验实训任务

本次实验实训的任务是要求学生根据实训课内容,掌握单双线半自动闭塞集中联锁接发列车作业标准，并进行演练。

5.9.3　实验实训内容

(1) 学生分组，9～10 人为一组。

(2) 学习"单双线半自动闭塞集中联锁 (设信号员) 接发列车演练"实训内容。

(3) 准备信号旗、控制台或 6502 系统。

(4) 根据接发列车作业标准要求进行实操演练。

① 接车 (通过) 作业流程见表 5.9.1。

表 5.9.1　接车 (通过) 作业流程

作业程序		岗位作业技术要求			说明事项
程序	项目	车站值班员	信号员 (长)	助理值班员	
承认闭塞 (接受预告)	确认区间空闲	听取发车站请求闭塞 (双线为发车站预告)			
		根据闭塞表示灯、《行车日志》及各种行车表示牌，确认区间空闲			
		按列车运行计划核对车次、时刻、命令、指示			
	办理闭塞手续 (接受发车预告)	同意闭塞："同意 ×(次) 闭塞"[双线复诵："×(次) 预告"]			列车闭塞 (预告) 后，按《站细》规定通知有关人员
		通知信号员 (长)："办理 ×(次) 闭塞"[双线："×(次) 预告"]，并听取复诵	复诵："办理 ×(次) 闭塞"[双线："×(次) 预告"]		
		应答："×(次) 闭塞好 (了)"	一听铃响、二看黄灯、三按闭塞按钮、四确认绿色灯光，口呼："×(次) 闭塞好 (了)"		双线无此项作业
		填写《行车日志》			使用计算机报点系统时，填记电子《行车日志》
		必要时与列车调度员核对车次，了解列车停、通、会作业时间等			
		确定接车线			
		通知信号员 (长)、助理值班员："×(次)、× 道停车 (通过或到开)"，并听取复诵	复诵："×(次)、× 道停车 (通过或到开)"，并填写占线板 (簿)	复诵："×(次)、× 道停车 (通过或到开)"，并填写占线板 (簿)	

作业程序		岗位作业技术要求			说明事项
程序	项目	车站值班员	信号员（长）	助理值班员	
开放信号	听取开车通知	复诵发车站开车通知："×（次）、(× 点)×（分）开（通过）"			
		填写《行车日志》			使用计算机报点系统时，填记电子《行车日志》
		通知信号员（长）及助理值班员"×（次）开过来（了）"，并听取复诵	复诵："×（次）开过来(了)"	复诵："× 次开过来（了）"	
		按《站细》规定通知有关人员			
	确认接车线	确认接车线路空闲			
		通知信号员（长）："停止影响进路的调车作业"，并听取报告	复诵："停止影响进路的调车作业"。确认停止后报告："影响进路的调车作业已停止"		停止调车作业时机，按《站细》规定。无影响进路的调车作业时，此项作业省略
		通知信号员（长）："×（次）、× 道停车（通过），开放信号。"听取复诵无误后，命令："执行"	复诵："×（次）、× 道停车（通过），开放信号"		
	开放信号	确认信号正确，应答："× 道进站信号好（了）"[通过时，应答："× 道进、出站信号好（了）"]	开放进站信号，口呼："进站"，按下始端按钮；口呼"× 道"（正线通过时，口呼："出站"），按下终端按钮。确认光带（表示灯）、信号显示正确，口呼："信号好（了）"		列车通过时，应办理有关发车程序
接车	列车接近		通过控制台监视信号及进路表示		
		再次确认信号正确，应答："×（次）接近"	接近铃响、光带（表示灯）变红，再次确认信号开放正确，口呼："×（次）接近"		计算机联锁设备的接近铃响为语音提示

续表二

作业程序		岗位作业技术要求			说明事项
程序	项目	车站值班员	信号员（长）	助理值班员	
接车	列车接近	通知助理值班员："×（次）接近，×道接车"，并听取复诵		复诵："×（次）接近，×道接车"	动车组、特快旅客列车的通知接车时机，按《站细》规定
接车	接送列车			到《站细》规定地点接车。接通过列车时，眼看、手指出站信号，确认信号开放正确，口呼："×道出站信号好（了）"	
列车到达（通过）	列车到达（通过）		通过控制台监视进路、信号及列车进（出）站	监视列车进站，于列车停妥后返回。通过列车，于列车尾部越过接车地点，确认列车尾部标志按规定显示互检信号后返回	
列车到达（通过）	列车到达（通过）	应答"好（了）"	通过控制台确认列车整列进入（通过）接车线，口呼："×（次）到达（通过）"	对通过列车擦（划）掉占线板（簿）记载	
列车到达（通过）	列车到达（通过）	对通过列车通知接车站："×（次）、（×点）×（分）通过"，并听取复诵	对通过列车擦（划）掉占线板（簿）记载		
列车到达（通过）	列车到达（通过）	填写《行车日志》			使用计算机报点系统时，填记"电子《行车日志》"
列车到达（通过）	开通区间	通知信号员（长）："开通×(站)区间"，并听取复诵	复诵："开通×(站)区间"		
列车到达（通过）	开通区间	应答："好（了）"	一看闭塞表示灯、二按（拉）闭塞（复原）按钮、三确认灯光熄灭，口呼："×（站）区间开通"		
列车到达（通过）	开通区间	通知发车站："×（次）、×点×分到"，并听取复诵			
列车到达（通过）	报点	向列车调度员报点："×（站）报点，×（次）、×点×分到（通过）"			使用计算机报点系统时，通过系统报点

②发车（通过）、作业流程见表 5.9.2。

表 5.9.2　发车（通过）作业流程

作业程序		岗位作业技术要求			说明事项
程序	项目	车站值班员	信号员（长）	助理值班员	
请求闭塞（发车预告）	确认区间空闲	根据闭塞表示灯、《行车日志》及各种行车表示牌，确认区间空闲			
	办理闭塞手续（发车预告）	请求闭塞："×（次）闭塞"[双线："×（次）预告"]			
		通知信号员（长）："办理×（次）闭塞"，并听取复诵	复诵："办理×（次）闭塞"		双线无此项作业
		应答："×（次）闭塞好（了）"	一按闭塞按钮、二听铃响、三看黄灯变绿，口呼："×（次）闭塞好（了）"		
		填写《行车日志》			使用计算机报点系统时，填记电子《行车日志》
开放信号	开放信号	通知信号员（长）："停止影响进路的调车作业"，并听取报告	复诵："停止影响进路的调车作业"。确认停止后报告："影响进路的调车作业已停止"		停止调车作业时机，按《站细》规定。无影响进路的调车作业时此项作业省略
		通知信号员（长）："×（次）、×道发车，开放信号"。听取复诵无误后，命令："执行"	复诵："×（次）、×道发车，开放信号"		
		确认信号正确，应答："×道出站信号好（了）"	开放出站信号，口呼："×道"，按下始端按钮；口呼："出站"，按下终端按钮。确认光带（表示灯）、信号显示正确，口呼："信号好（了）"		
发车	准备发车	通知助理值班员："×（次）、×道发车"，并听取复诵		复诵："×（次）、×道发车"	助理值班员在室外接发车时，可提前告知发车计划
	确认发车条件		通过控制台监视信号及进路表示	发车前，眼看、手指出站信号，确认信号开放正确，口呼："×道出站信号好（了）"	动车组发车时，无此项作业
				确认旅客上下、行包装卸和列检作业完了	其他发车条件的确认按《站细》规定。动车组发车时，无此项作业

续表

作业程序		岗位作业技术要求			说明事项
程序	项目	车站值班员	信号员（长）	助理值班员	
发车	（指示）发车			按规定站在适当地点，显示发车信号或向运转车长显示发车指示信号并应依式中转发车信号（使用列车无线调度通信设备及发车表示器发车时除外）	动车组发车时，无此项作业
列车出发	监视列车	列车起动，通知接车站："×（次）、×点×分开"，并听取复诵			
		填写《行车日志》		监视列车，于列车尾部越过发车地点，确认列车尾部标志，按规定显示互检信号后返回	使用计算机报点系统时，填记电子《行车日志》
		应答："好（了）"	通过控制台确认列车整列出站，口呼："×（次）出站"		
	报点	向列车调度员报点："×（站）报点，×（次）、×点×分开"	擦（划）掉占线板（簿）记载	擦（划）掉占线板（簿）记载	使用计算机报点系统时，通过系统报点
	接受到达通知	复诵接车站列车到达通知	确认闭塞表示灯熄灭		
		填写《行车日志》			使用计算机报点系统时，填记电子《行车日志》

5.9.4　实验实训成果

学生按要求提交实验实训报告一份。

▪ 5.10　铁路货物运单填写实训

货物运单填制是铁路货运工作的开始，也是后续工作核对检查的依据，是所有内勤工作串联的载体，也综合了较多的内勤工作任务，是铁路货运工作的重要内容之一。

5.10.1　实验实训目的

根据铁路货运组织课程所学理论知识，按照实训要求完成指定的任务，并按照任务提交成果。

通过对铁路货票的填制，培养学生作为一名货运员能够独自面对托运人，判定货物运输种类、运输条件、运到期限、计费重量，能正确计算货物运费，准确填写货物运单。

5.10.2　实验实训任务

本次实验实训的任务是掌握货物运单填写的规则，分角色完成货物运单的填写，并掌握以下问题：

(1) 什么是货物运单？货物运单的作用是什么？

(2) 货物运单有几联，每一联的作用是什么？请分别阐述。

5.10.3　实验实训内容

(1) 每组抽取一个情景模式，根据情景模式选择合适的运输方式，并在货票的右上角标明。

【情景1】　托运人欲从安阳托运6000件葡萄酒至徐州北，纸箱包装，重48 000 kg，承运人使用标重为58 t的P64车托运，保价金额为15万元。运价里程为536 km。托运人要求上门取货，上门取货里程为20 km。

【情景2】　托运人欲从安阳托运煤至徐州北，散装，重61 300 kg，承运人使用标重为60 t的C62车托运，不保价。运价里程为536 km。由托运人送货到站自装自卸。

【情景3】康师傅有限责任公司欲从安阳托运9000箱桶装方便面至徐州北，纸箱包装，运价里程为556 km，重30 t，承运人使用60 t的P64托运，托运人要求上门取货和送货，取货里程为26 km，送货里程为30 km。

【情景4】　托运人欲从兰州西站托运一件吊桥到格尔木，裸装，重21 500 kg，承运人采用标重为50 t的N17托运，不保价。运价里程为1065 km。托运人要求上门送货，送货里程为35 km。

【情景5】　托运人欲从大同托运100笼活鸭到集宁南，笼装，重1000 kg，承运人使用标重为20 t的J4车托运，保价金额为5万元，采用整车快运。运价里程为130 km。托运人要求上门取货和送货，取货里程为26 km，送货里程为30 km。

【情景6】　托运人欲从福州东站托运100袋大米到石南站，编织袋包装，重2000 kg，体积为3.75 m^3，零散运输，承运人使用P车托运，运价里程为1900 km。由托运人自装自卸。

【情景7】　托运人欲从烟台运3000件苹果至厦门，纸箱包装，重24 000 kg，承运人使用B10托运，途中不制冷。运价里程为1030 km，托运人要求上门取货和送货，取货里程为26 km，送货里程为30 km。

【情景8】 托运人欲从广安门托运500件玩具到保定，纸箱包装，重10 000 kg，采用20英尺(注：1英尺＝30.48厘米)的集装箱托运，承运人使用N车托运。由托运人自装自卸。

【情景9】 托运人欲从长沙北托运一批货物至深圳北，该批货物有8件电扇，重80 kg，体积为0.3 m³；12件运动鞋，重3 kg，体积为0.2 m³；均采用纸箱包装。运价里程为1538 km，采用60 t P 车托运，由托运人自装自卸。

【情境10】 托运人欲从石家庄托运20 000件蜜桃至汉口，纸箱包装，重120 000 kg，承运人使用B22托运，途中不制冷。运价里程为930 km，托运人要求上门取货，取货里程为26 km。

(2) 根据情景模式，托运人填写货物的名称及代码、发站、收货人信息、付款方式、件数、包装、重量等栏。铁路货物运单如图5.10.1所示。

托运人填写部分(带"*"栏目为必填项)为：

【发站(公司)*】 发站按铁路货物运价里程表规定的站名完整填记，不得简称。(公司)名为系统自动生成。到达(局)名填写在到达站主管铁路局名的第一个字，如哈、沈、京、呼、郑、济、上、南、柳、成、兰、乌、昆、武、西、太、广、青等。

【专用线】 在专用线或专用铁路装车时，填写该专用线全称。

【名称*】 填写托运单位的完整名称，如托运人为个人时，则应填记托运人姓名和身份证号码。

【经办人】 填写经办人姓名。姓名超过5个汉字时，根据经办人要求填记姓名简称，并在托运人记事栏内填记姓名全称。

【手机号码】 填写经办人手机号码。

【取货地址】 选择上门取货服务时，应详细填写取货地点所在省、市、自治区城镇街道和门牌号码或乡、村名称及取货联系人姓名。

【联系电话】 选择上门取货服务时，应填写取货联系人电话号码。

【到站(公司)*】 到站按铁路货物运价里程表规定的站名完整填记，不得简称。(公司)名为系统自动生成。

【送货地址】 选择上门送货服务时，应详细填写送货地点所在省、市、自治区城镇街道和门牌号码或乡、村名称及收货联系人姓名。

【付费方式*】 客户可选择现金、支票、银行卡、预付款、汇总支付等方式，选择汇总支付或预付款的，应填写汇总支付或预付款的凭证号码。

【领货方式*】 客户可选择纸质领货或电子领货，选择电子领货时，必须设置领货经办人身份证号码、领货密码等信息。

【件数*】 应按货物名称及包装种类，分别记明件数，"合计件数"栏填写货物的总件数。承运人只按重量承运的货物，则在本栏填记"堆""散""罐"字样。

![铁路货运 CHINA RAILWAY FREIGHT] 安卓手机客户端

中国铁路 ××× 局集团有限公司

货 物 运 单

BKHZA0123456

（整车、集装箱、批量、零散）

需求号：201708HY6666660001

托运人	发站(公司)		专用线				货区	
	名称				经办人		货位	
					手机号码		车种车号	
	□上门取货	取货地址			联系电话		取货里程(km)	
收货人	到站(公司)		专用线				运到期限		标重	
	名称				经办人		施封号	
					手机号码		篷布号	
	□上门送货	送货地址			联系电话		送货里程(km)	

第×联 ×××联

付费方式 □现金 □支票 □银行卡 □预付款 □汇总支付　　领货方式 □电子领货 □纸质领货　　装车方　　施封方

货物名称	件数	包装	货物价格(元)	重量(kg)	箱型箱类	箱号	集装箱施封号	承运人确定重量(kg)	体积(m³)	运价号	计费重量(kg)
合计											

选择服务	□上门装车		费目	金额（元）	税额（元）	费目	金额（元）	税额（元）
	□上门卸车							
	□保价运输 □装载加固材料							
	□仓储 □冷藏(保温)							
	其他服务							
增值税发票类型 □普通票 □专用票	受票方名称：纳税人识别号：地址、电话：开户行及账号：		费用合计		大写：			

托运人记事：

签章

承运人记事：

卸货时间 月 日 时　到站收费票据号码
通知时间 月 日 时　领货人身份证号码
货运员　　　　　　　　车站日期戳

收货人签章　　　　　　车站接（交）货人签章　　　　　制单人　　　　　制单日期

图 5.10.1　货物运单

【货物名称*】 应遵守铁路货物运输品名检查表规定填写，危险货物则按铁路危险货物品名表所列的货物名称完整、正确填写。托运危险货物时应在品名之后用括号注明危险货物编号。铁路货物运输品名检查表或铁路危险货物品名表内未经列载的货物，应填写生产或贸易上通用的具体名称，但必须用铁路货物运输品名分类与代码表相应类项的品名加括号注明。按一批托运的货物，如不能逐一将品名填记在货物运单内时，须另填物品清单，承运后由车站打印一式两份，加盖车站承运日期戳，托运人签章，一份由发站存查，一份交托运人。需要说明货物的规格、用途、性质时，在"货物描述"中加以注明。

【包装】 记明包装种类，如木箱、纸箱、麻袋、条筐、铁桶、绳捆等。当按件承运的货物无包装时，填记"无"字。使用集装箱运输的货物或只按重量承运的货物，本栏可以省略不填。

【货物价格（元）】 应填写该项货物的实际价格，全批货物的实际价格为确定货物保价金额的依据（托运人选择保价运输时，为必填项）。

【重量(kg)*】 应按货物名称及包装种类分别将货物实际重量（包括包装重量）用千克记明，在"合计重量"栏填记该批货物的总重量。

【箱型箱类】箱型填集装箱对应箱型，如20、25、40、45、50。箱类填集装箱对应箱类，如通用标准箱、35吨敞顶箱等。

【箱号】填写包括箱主代码在内的11位集装箱箱号。

【集装箱施封号】填写集装箱的铁路施封锁号码。

【上门装车】选择上门装车时，需详细填记货物单件规格、重量等特约事项。

【上门卸车】选择上门卸车时，需详细填记货物单件规格、重量等特约事项。

【增值税发票类型】 需要开具增值税发票的，选择填记"普通票"或"专用票"，并填记受票方名称、纳税人识别号、地址、电话、开户行及账号等信息。

【签章*】托运人于货物运单打印完毕，并确认无误后，在此栏盖章或签字。

【托运人记事】填写需要由托运人声明的事项。例如：

① 货物状态有缺陷，但不致影响货物安全运输，应将其缺陷具体注明。

② 需要凭证明文件运输的货物，应将证明文件名称、号码及填发日期注明。

③ 托运人派人押运的货物，注明押运人姓名和证件名称及号码。

④ 托运易腐货物或"短寿命"放射性货物时，应记明容许运输期限。选择冷链（保温）运输时，应记明具体运输条件、要求。

⑤ 使用自备货车或租用铁路货车在营业线上运输货物时，应记明"××单位自备车"或"××单位租用车"。使用自备篷布时，应记明自备篷布号码。

⑥ 国外进口危险货物，按原包装托运时，应注明"进口原包装"。

⑦ 托运零散快运货物时，应注明单件最大重量和单件最大长、宽、高。

⑧ 托运人要求办理铁路货物运输保险时，应注明"已投保运输险"。

⑨ 其他按规定需要由托运人在运单内记明的事项。

⑩ 经办人姓名超过 5 个汉字时，应填记姓名全称。

(3) 根据情景模式，承运人需确定货区货位、计费重量、计算货物的运到期限和运费、杂费等栏。

承运人填写部分为：

【货区】 填写货物堆存货区。

【货位】 填写货物堆存货位。

【车种车号】 填写货物装载的铁路货车车种、车型和车号。

【取货里程 (km)】 根据托运人填写的取货地址确定的取货里程。

【运到期限】 填写按规定计算的货物运到期限日数。

【标重】 填写铁路货车对应的标记载重。

【施封号】 填写货车的施封号码。

【篷布号】 填写所苫盖的铁路货车篷布号码。

【送货里程 (km)】 根据托运人填写的送货地址确定的送货里程。

【装车方】 根据装车组织人，填写"托运人"或"承运人"。

【施封方】 根据施封负责人，填写"托运人"或"承运人"。

【承运人确定重量 (kg)】 除一件重量超过车站衡器最大称量的货物外，其他货物由承运人确定货物重量，按货物名称及包装种类分别填记。"合计重量"栏填记该批货物总重量。

【体积 (m³)】 按货物名称及包装种类分别填记。"合计体积"栏填记该批货物总体积。

【运价号】 填记货物名称对应的运价号。

【计费重量 (kg)】 整车货物填记货车标记载重量或规定的计费重量；零散货物填记按规定处理尾数后的重量或起码重量。

【费目、金额 (元)、税额 (元)】 按规定的计费科目及费用填写。

【费用合计】 填写所有费用合计的小写金额。

【签章】 收货人签章：收货人领货时签字或盖章。车站接 (交) 货人签章：发站上门取货人员名章、到站上门送货人员名章。

【承运人记事】 填记需要由承运人记明的事项，例如：

① 货车代用记明批准的代用命令。

② 途中装卸的货物，记明计算运费的起讫站名。

③需要限速运行的货物和自有动力行驶的机车,记明铁路局集团公司承认命令。

④对危险货物或鲜活货物,应按货物性质,在记事栏中选择"爆炸品""氧化性物质""毒性物质""腐蚀性物质""易腐货物"等记事,以及经铁路局集团公司批准按普通货物运输的危险货物记载事项。

⑤机械冷藏等有工作车的成组货车装车时,记载工作车车号。

⑥托运人要求办理铁路货物运输保险时,应记载保险单号码。

⑦"卸货时间"由到站按卸车完毕的时间填写。

⑧"通知时间"按发出领货(送货)通知的时间填写。

⑨填写"到站收费票据号码"和"领货人身份证号码"。

⑩需要由承运人记明的其他事项。

(4)编写实训报告。

5.10.4 实验实训成果

学生按要求提交实训报告一份。

5.11 整车货物运输发送作业过程实训

运输发送作业是货运外勤整车货物在发站进行的作业,它是铁路货物运输技术作业过程的开始阶段,发送作业主要包括托运、受理、进货验收保管、制票承运和装车等环节。

5.11.1 实验实训目的

本实验实训的目的是培训学生作为一名货运员时能独立面对托运人,判断货物运输的基本条件并能模拟货物发送作业过程组织货物按照程序及标准完成货物运输任务。培训学生根据铁路货物运输所学理论知识,按照任务书的要求开展实训任务,完成指定的任务,并按照任务提交报告。

通过对整车发送作业流程场景模拟,培养学生动手能力,进一步掌握外勤货运人员发送作业的标准、责任以及基本要求,明确货物运输组织作业步骤,实现作业过程有效可控性;按照《货规》《管规》《收规》等管理规定,顺利完成货物运输组织作业。

5.11.2 实验实训任务

本次实验实训的任务是掌握发送作业的理论基础,对发送作业进行情景模拟。

1. 运输发送作业的理论基础问题

(1) 什么是整车货物的发送作业？发送作业包括哪些过程？

(2) 阐述托运、受理、承运的定义及时机。

(3) 托运人提报需求的方式有哪些？

2. 运输发送作业情景模拟

(1) 发送作业流程图。

(2) 发送作业场景。

5.11.3　实验实训内容

(1) 了解外勤货运人员发送作业标准。

(2) 熟练掌握整车货物发送作业流程，如图 5.11.1 所示。

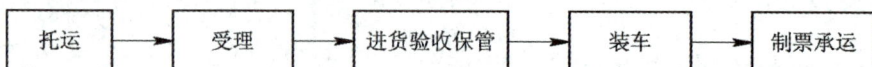

图 5.11.1　整车货物运输发送作业流程图

(3) 重点掌握装车作业流程及注意事项。

车站在装车前的作业流程见图 5.11.2。

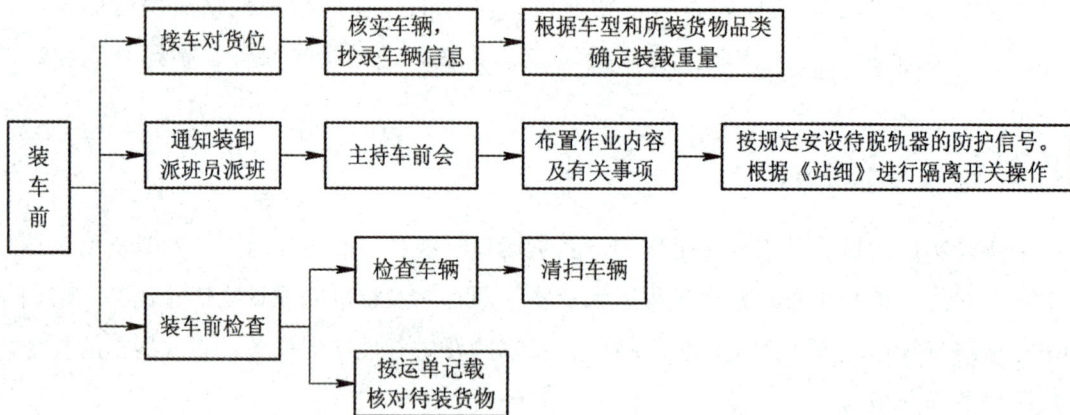

图 5.11.2　装车前的作业流程

为保证装车作业顺利进行，监装货运员在装车前一定要认真做好以下三检工作：

一检：检查货物运单。检查货物运单的记载内容是否符合运输要求，有无漏填和误填。

二检：检查待装货物。按照货物运单记载内容认真核对待装货物的品名、件数，检查标志、标签和货物状态是否符合要求。对集装箱还应检查箱体、箱号和封印。

三检：检查货车。主要检查货车是否符合使用条件；货物状态是否良好，包括车体、车门、车穿、盖、阀是否完整良好，车内是否干净等；货车定检是否过期，有无扣修通知、色票或通行限制。

车站在装车时的具体作业流程见图 5.11.3。

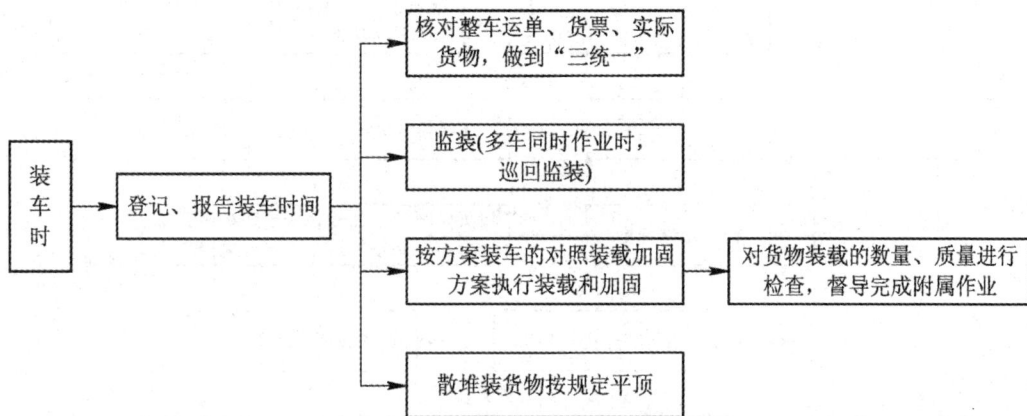

图 5.11.3　装车时作业流程图

在装车过程中，应遵守《加规》中的装载加固技术条件，具体如下：

① 对货物装载重量的要求。货车装载重量的要求见上一节内容。

② 对货物装载宽度和高度的要求。货物装载宽度和高度，除超限货物和特殊规定外，不得超过机车车辆限界和特殊区段装载限界。

③ 其他要求。常见的其他要求有：

· 货物重量应均匀分布于车地板上，不超重、不偏载、不偏重、不集重，在运输中不发生移动、滚动、倒塌或坠落等情况。

· 装载应堆码稳妥、紧密、捆绑牢固，认真做到轻拿轻放，大不压小，重不压轻。

· 使用敞车装载怕湿货物时，应堆码成屋脊形，苫盖好篷布，并将绳索捆绑牢固。

· 使用棚车装载货物时，装在车门口的货物，应与车门保持适当距离，以防挤住车门或湿损货物。

· 使用罐车装运货物时，应装到空气包底部或装到根据货物膨胀系数计算确定的高度，既不能超装，也不能欠装。

· 用敞、平车装载需要加固的货物、轻浮货物、成件货物，已有定型方案的，必须按定型方案装载；无定型方案的，车站应会同托运人制订暂行方案或试运加固方案，报上级批准后组织试运。

车站在装车后的具体作业流程见图 5.11.4。

```
┌─────────────┐    ┌─────────────┐    ┌─────────────┐
│ 检查装载、加固 │───▶│ 有计量检测设备 │───▶│ 超限货物核对装后 │
│ 及篷布苫盖质量 │    │ 检查超偏载情况 │    │ 尺寸,标画检查线 │
└─────────────┘    └─────────────┘    └─────────────┘
                                              │
                                              ▼
                                      ┌─────────────┐
                                      │ 按规定拍照存查及 │
                                      │ 装车质量流程签认 │
                                      └─────────────┘
                                              ▲
┌─────────────────┐ ┌─────────────┐    ┌─────────────┐
│ 检查车辆门、窗、盖、阀 │─▶│ 清楚车辆、货物 │───▶│ 按规定插放货车 │
│ 关闭状态及车门捆绑情况 │  │ 上的杂物    │    │ 表示牌     │
└─────────────────┘ └─────────────┘    └─────────────┘

┌─────────┐  ┌─────────────┐    ┌─────────────┐    ┌─────────────┐
│ 装车后检查 │─▶│ 检查货物及相关 │───▶│ 整理剩余货物  │───▶│ 通知托运人处理 │
└─────────┘  │ 货位情况    │    └─────────────┘    └─────────────┘
             └─────────────┘
             ┌─────────────┐    ┌──────────────────────┐
             │ 检查附属作业  │───▶│ 按规定撤除等待脱轨器的防护信号, │
             └─────────────┘    │ 根据《站细》进行隔离开关操作     │
                                └──────────────────────┘
             ┌─────────────┐    ┌─────────────┐
             │ 登记、报告装车完毕时间 │─▶│ 签认装卸作业单 │
             └─────────────┘    └─────────────┘

┌─────────┐  ┌─────────────┐    ┌─────────────┐    ┌─────────┐
│ 整车票据处理 │─▶│ 填写运单相关内容 │─▶│ 登记货物承运簿 │─▶│ 移交票据 │
└─────────┘  └─────────────┘    └─────────────┘    └─────────┘
```

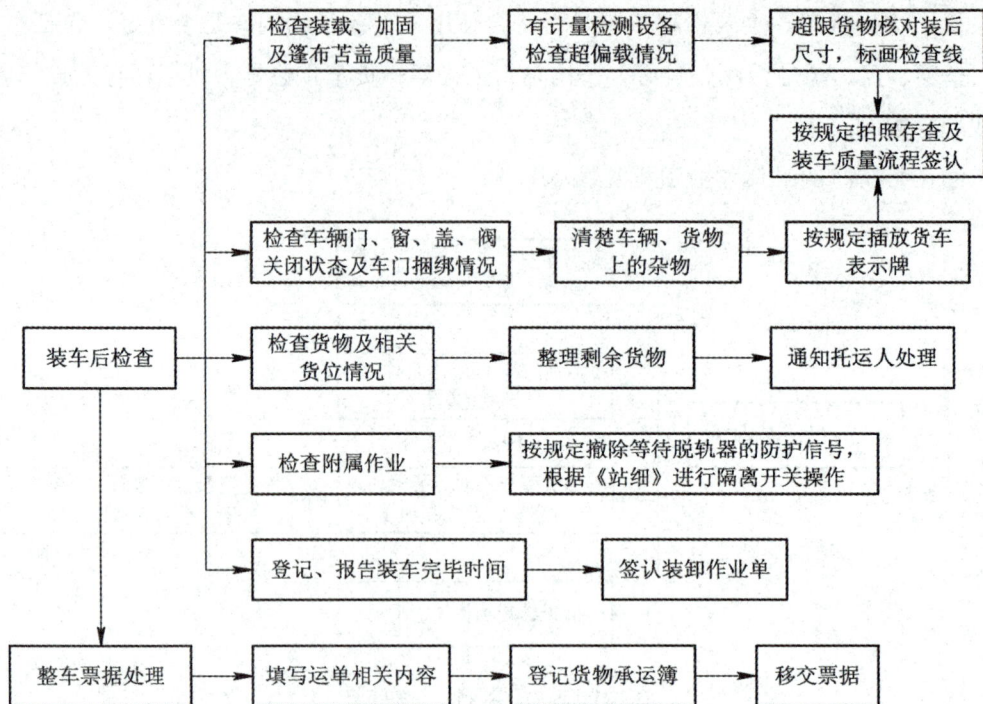

图 5.11.4　装车后作业流程

车站装车后,监装货运员还需要进行装车作业后的检查工作,即需要对装载、运单、货位进行检查。

一检:检查装载。主要检查有无超重、偏重、超限现象,装载是否稳妥,捆绑是否牢固,施封是否符合要求,表示牌是否正确。对装载货物的敞车,要检查车门插销、底开门搭扣和篷布苫盖、捆绑情况。对超限、超长、集重货物还要检查是否按规定的装载加固方案进行装载加固,对超限货物还应按装载方案测量装车后的尺寸。

二检:检查运单。检查运单有无误填和漏填,车种、车号和运单记载是否相符。

三检:检查货位。检查货位有无误装或漏装的情况。

(4) 明确货物发送作业步骤,顺利完成货物发送作业。

5.11.4　实验实训成果

学生按要求提交实训报告。

5.12　整车货物运输途中作业过程实训

运输途中作业是指货物运输工作在线路中运输时发生的各项货运作业,包括货运交接检查、货物的整理换装、运输障碍的处理。

5.12.1　实验实训目的

本实验实训的目的是培训学生作为一名货运员，能够根据途中货物作业标准，完成途中货物的交接检查、货物的换装、运输障碍的处理并能按照作业程序及标准模拟货物途中作业过程。根据铁路货物运输所学理论知识，按照任务书的要求开展实训任务，完成指定的任务，并按照任务提交报告。

通过对整车途中作业流程场景模拟，培养学生动手能力，进一步掌握外勤货运人员途中作业的标准、责任以及基本要求，明确货物运输组织作业步骤，实现作业过程有效可控性；按照《货规》《管规》《收规》等管理规定，顺利完成货物运输组织作业。

5.12.2　实验实训任务

本次实验实训的任务是掌握整车货物运输途中作业的理论基础，对途中作业进行情景模拟。

1. 运输途中作业的理论基础问题

(1) 什么是整车货物的运输途中作业？运输途中作业包括哪些过程？

(2) 请简述运输途中作业的货运检查作业的程序。

(3) 在进行运输途中作业时，如果货物发生问题，该如何处理？

2. 运输途中作业情景模拟

(1) 运输途中作业流程图。

(2) 运输途中作业场景。

5.12.3　实验实训内容

(1) 了解外勤货运人员途中作业标准。

(2) 熟练掌握整车货物运输途中作业程序。

整车货物运输途中作业程序包括货物的交接检查、整理换装、变更以及运输障碍的处理。

① 货物的交接检查。

• 计划安排和准备。货物在交接前，要进行以下的安排和准备：

a. 货检值班员应及时收取班计划、阶段计划、变更计划，以及到发车次、股道、时刻、编组辆数等有关信息。

运用"货检应用"的车站，货检值班员通过"货检应用"接收行车预告阶段计划，确定检查列车（"货检应用"标注重点车，自动匹配设备检测、视频监控、AEI等信息）。

　　b. 货检值班员应根据计划，将工作内容、检查重点、安全事项及要求等及时向货检员传达、布置。

　　运用"货检应用"的车站，货检值班员通过实时监控列车到达视频（或及时通过录像回放查看列车到达视频）和查看设备报警信息，补充标注重点车和问题车，生成作业计划并发布。以机检代替对到达列车现场人工检查的，在确认安全无误后，直接记录作业完成时间。

　　c. 货检员接收作业任务时，应掌握到达（出发）列车车次、股道、时刻、编组内容及施封、重点车等情况。

　　运用"货检应用"的车站，货检员通过手持机接收作业计划；手持机故障时通过岗位终端接收作业计划。发现列车编组和实际不符时，货检值班员应通过"货检应用"、货检员应通过手持机重新匹配编组信息。

　　d. 作业时，货检员应携带相关作业工具和备品。

　　• 到达列车预检。在列车到达前 5 分钟，货检员应出场立岗，在列车到达、通过时，对列车进行目测预检。

　　运用"货检应用"的车站，可以通过视频监控、超偏载检测等设备对到达列车进行预检。

　　• 现场检查。货物在交接时，现场检查要注意：

　　a. 货检员应从车列一端逐车进行检查，对重点车进行记录。重点车包括爆炸品、硝酸铵、剧毒品、气体类（含空液化气罐车）、放射性物品，高保价货物，超限、超长货物，军用物资，易窜滚货物，苫盖篷布货车，承载货物的平车及长大货物车辆，需签认的押运车辆。

　　b. 货检员对车列首尾的车辆，应作检查标记。运用"货检应用"的车站，货检员通过手持机分别拍摄首、尾车照片，记录检查开始、完成时间。

　　c. 货检员对检查重点内容进行记录。运用"货检应用"的车站，通过手持机对问题车、押运人证件等信息进行拍照或记录并反馈。

　　d. 车列检查、整理应在规定的技术作业时间内完成。

　　e. 车列检查、整理完毕后，货检员应及时报告。运用"货检应用"的车站现场检查时，货检员应通过手持机及时报告检查情况；手持机故障时通过岗位终端补录信息。货检值班员核实无误后确认作业完成，记录作业完成时间。

　　f. 需拍发电报时，货检值班员应于列车到达后 120 分钟内以电报形式通知上一货检站、抄知发到站，必要时抄知有关单位和部门。需编制记录的，按规定编制。

　　g. 需要甩车整理的，货检值班员应通知车站调度员（值班员）甩车处理。运用"货检应用"的车站，货检值班员还应通过"货检应用"通知整理点的货运员；货运员整理完毕后应通过"货检应用"登记处理信息并反馈。

h. 检查作业和在列整理完毕后，货检值班员及时通知车站调度员 (值班员) 作业完成情况。

② 货物的整理换装。

• 在列整理。对发生装载加固、篷布苫盖、门窗盖阀等方面问题的货物，不需要甩车处理时，应采取有效防护措施后对车列内需整理的货车进行整理。

预计整理时间超过技术作业时间时，货检员应及时向车站调度员 (值班员) 报告。

在列整理时，货检员应按有关规定进行作业，确保人身安全。

• 甩车整理。对危及行车安全，又不能在列整理的车辆，货检员应报告车站调度员 (值班员) 甩车整理。甩车整理时，应做好防护工作。不允许在挂有接触网的线路 (设有隔离开关的线路除外) 整理车辆。甩车整理的主要范围：

a. 篷布苫盖不整或缺少腰绳、篷布绳网。

b. 货物发生严重倾斜、偏载、移位、窜动、坠落、倒塌和渗漏。

c. 超限货物按普通货物办理。

d. 加固支柱折断，或装载加固材料 (装置) 超限。

e. 棚车车门脱槽，罐车上盖张开。

f. 罐车发生泄漏或溢出。

g. 危险货物运输押运或施封等问题需甩车处理的。

h. 货车、货物、集装箱、篷布等顶部或车体上有异物且无法在列处理。

i. 火灾。

j. 货物明显被盗丢失。

k. 发生其他危及行车安全情况不能在列整理时。

• 货物换装。

在运输中发生甩车处理，不能原列安全继续运输的，因车辆技术状态不良，经车辆部门扣留需要换车的，应进行换装处理。换装时，应选用与原车类型和标记载重一致的货车，并编制货运记录。对因换装整理卸下的部分货物，应予以及时补送。

货物换装整理的时间不应超过 2 天，如果在 2 天内没有整理完毕，应由换装站以电报形式通知到站，以便收货人查询。换装责任属于铁路时，由铁路内部清算费用；属于托运人责任时，应由到站向收货人核收。

经过换装整理的货车，不论是否摘车，均应编制普通记录，证明换装整理情况和责任单位。对换装整理的货车要认真统计，及时上报。

(3) 明确货物途中作业步骤，顺利完成货物途中作业。

5.12.4　实验实训成果

学生按要求提交实训报告。

5.13　整车货物到达作业过程实训

整车货物到达作业是货物在终到站的作业，包括到达重车交接、卸车前检查、卸车以及卸车后检查、内勤交接、外勤交接等环节。

5.13.1　实验实训目的

本实验实训的目的是培训学生作为一名货运员能熟练掌握到达作业程序，按照作业标准处理到达的货物，把货物完好无损地交付给收货人，并能模拟货物到达作业过程。

根据铁路货物运输所学理论知识，按照任务书的要求开展实训任务，完成指定的任务，并按照任务提交报告。

通过对整车到达作业流程场景模拟，培养学生动手能力，使学生进一步掌握外勤货运人员到达作业的标准、责任以及基本要求，明确货物运输组织作业步骤，实现作业过程有效可控性；按照《货规》《管规》《收规》等管理规定，顺利完成货物运输组织作业。

5.13.2　实验实训任务

本次实验实训的任务是掌握整车货物到达作业的理论基础和进行情景模拟。

1. 整车货物到达作业的理论基础

(1) 什么是到达作业？到达作业包括哪些过程？

(2) 分别阐述卸车前、卸车后的"三检"工作。

(3) 领货人如何领取货物？

2. 整车货物到达作业情景模拟

(1) 整车货物到达作业流程图。

(2) 整车货物到达作业场景。

5.13.3　实验实训内容

(1) 了解外勤货运人员到达作业标准

(2) 熟练掌握整车货物到达作业的程序，如图 5.13.1 所示。

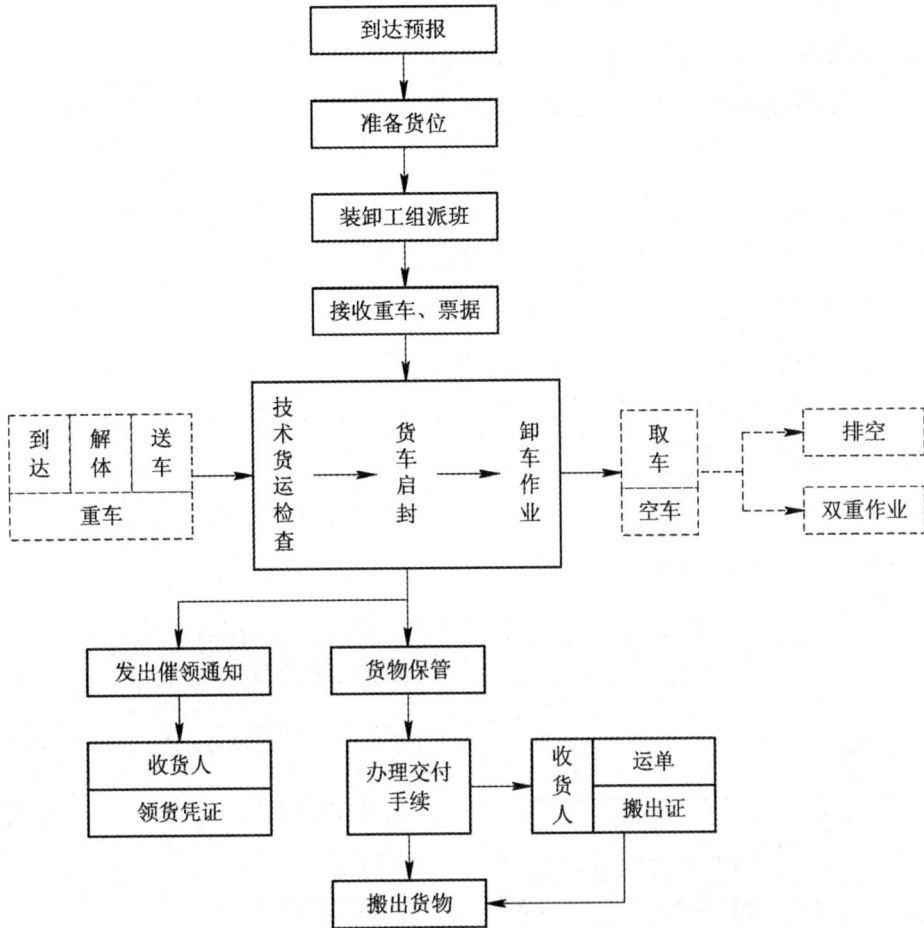

图 5.13.1　货物到达作业程序图

① 卸车准备。卸车前的准备程序图如图 5.13.2 所示。

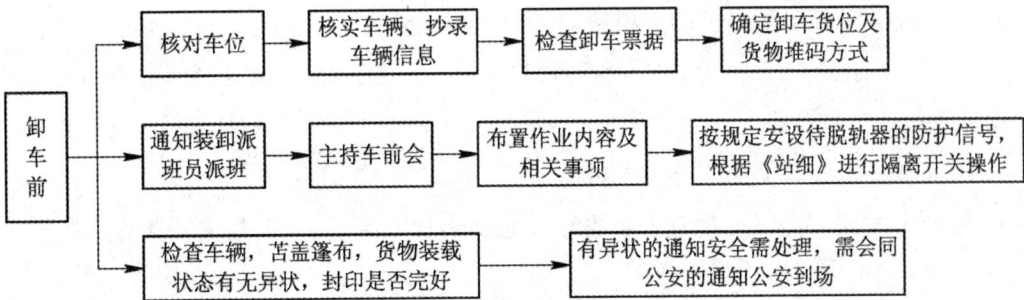

图 5.13.2　卸车前准备程序图

· 接车对货位。列车到达前，车站接收卸车计划后，安排卸车货位。列车到达后，车站应派人接收重车。交接货车时，应详细进行票据与现车的核对，抄录车辆信息，对现车的装载状态进行检查，并与车长或列车乘务员办理重车及货运票据的交接签证。运转室将到达车站卸车的重车票据登记后，移交货运室。

· 卸车前准备。卸车前要做好如下准备工作：

a. 根据货位和货物有关尺寸、包装、重量及性质和安全的要求等，选择合理的货物堆码方法。

b. 监装卸货员向装卸工组传达货物品名、性质、件数、重量、堆码方法、卸车时间要求及注意事项，同时提示装卸工组按规定安设防护信号，带齐工具备品。

c. 需手推调车对货位的，组织胜任人员进行。

d. 按系统及票据信息核对待卸车的车种车型、车号标重，检查货车、货物装载、篷布及施封状态，核对封印站名号码或篷布号码。发现问题及时通知有关人员会同检查和处理。

e. 检查卸车货位清扫状态。

② 卸车作业。卸车作业开始之前，监装卸货运员应向卸工组详细传达卸车要求和注意事项。具体卸车作业程序如图 5.13.3 所示。

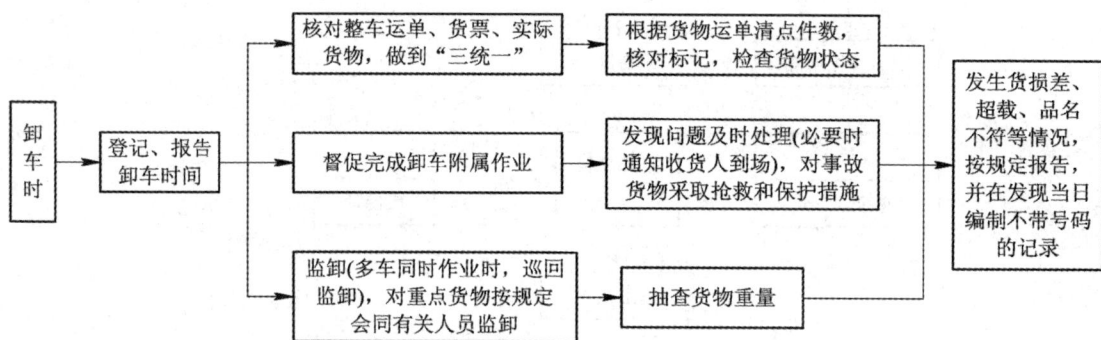

图 5.13.3　卸车时的作业流程图

· 向货调报告货车送到时间及开始卸车时间。

· 拆封或撤出货车篷布及加固材料。

· 边卸车、边检查，指导作业，多车同时作业时，巡回监卸，按照货物运单清点件数，核对标记，检查货物状态。

· 对重点货物按规定会同有关人员监卸。

· 作业中发现问题及时处理（必要时，通知收货人到场）；对损失货物采取抢救和保护措施。

· 掌握作业进度，向货调报告卸完时间。

· 抽查货物，登记"检斤验货登记簿"发现问题通知内勤补费用并按规定拍发电报。

③ 卸车后作业。卸车后需要对运输票据、货物、卸后空车进行检查。卸车后作业程序流程见图 5.13.4 所示。

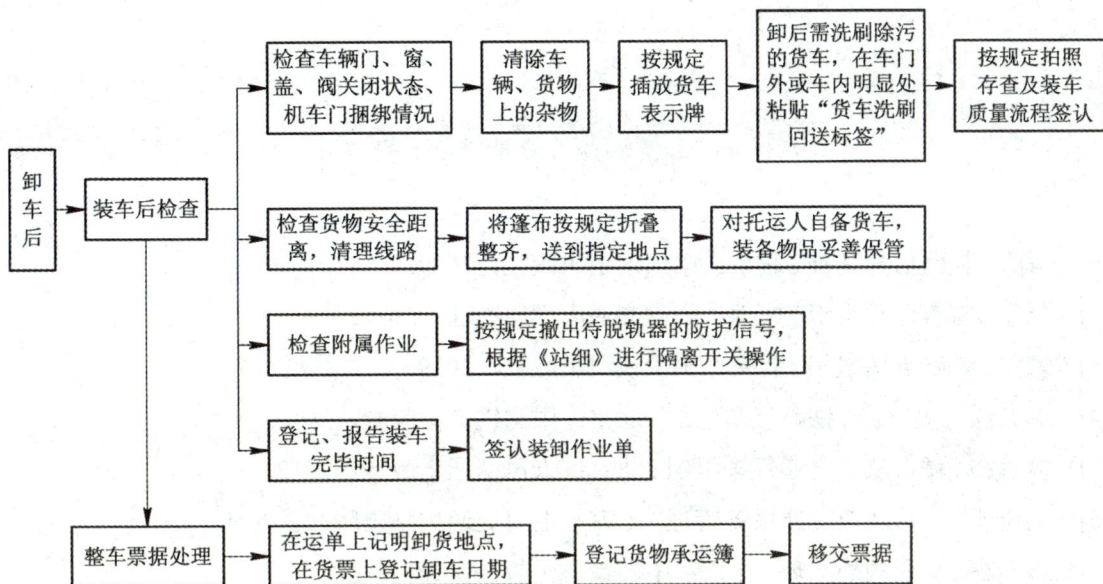

图 5.13.4　卸车后作业流程图

· 清扫车辆，检查车辆内有无残留货物，车门、窗、盖、阀、端侧板关闭状态，撤除表示牌。

· 检查货物安全距离，清扫线路。

· 按规定对货车洗刷除污（回送）。

· 按规定折叠篷布，货车篷布号码与票据记载不符、腰绳不全或篷布破损时，正确处理：填写"铁运篷 -5"，交由工组连同货车篷布送往固定地点；自备篷布及加固材料、装备物品放在货垛旁。

· 监装货运员签认装卸工作单。

· 票据处理。完成卸车后的检查，应逐批登记卸货簿（卡），在运单信息上记明卸车日期和时间、货区货位，加盖站戳和人名章。登记票据移交簿，将运单信息送内勤办理交接签证。

· 编制记录。发现货损货差等应编制货运记录的，应在发现当日编制货物损失报告（参加检查货物的有关人员签名）。记录、票据和应附材料送货运安全室，并在票据移交簿上办理交接。

(3) 明确货物到达作业步骤，顺利完成货物到达作业。

5.13.4　实验实训成果

学生按要求提交实训报告。

参 考 文 献

[1]　郭进.铁路信号基础.北京：中国铁道出版社，2017.

[2]　杜文.旅客运输组织.成都：西南交通大学出版社，2016.

[3]　戴实.铁路货运组织.北京：中国铁道出版社，2019.

[4]　彭其渊，王慈光.铁路行车组织.北京：中国铁道出版社，2019.

[5]　耿幸福.城市轨道交通行车组织.北京：人民交通出版社，2012.

[6]　杨旭丽.城市轨道交通票务管理.上海：上海交通大学出版社，2019.

[7]　邵春福.交通规划原理.北京：中国铁道出版社，2014.

[8]　中国铁路总公司.铁路技术管理规程.北京：中国铁道出版社，2014.

[9]　张开冉，张南.铁路运输安全管理.成都：西南交通大学出版社，2014.

[10]　黄兴建，吕燕梅，王苏林.铁路货物运输组织.成都：西南交通大学出版社，2020.

[11]　张黎，杨莉，侯德文.城市轨道交通客运组织.上海：上海交通大学出版社，2018.

[12]　颜景林，孙景冬.城市轨道交通设备与系统.北京：科学出版社，2017

[13]　王青林，赵明国.城市轨道交通信号与通信系统.上海：上海交通大学出版社，2015.

[14]　韦芳，安春兰.铁路信号基础.北京：北京出版社，2018.

[15]　李海鹰，张超.铁路站场及枢纽.北京：中国铁道出版社，2011.

[16]　邓捷，罗江莲.城市轨道交通行车组织.武汉：武汉大学出版社，2019.